Über dieses Buch

Mit der mythischen Tetralogie ›Joseph und seine Brüder‹ hat Thomas Mann sein umfassenstes Romanwerk geschaffen.

Die ›Mondwanderungen‹ von Hermann Kurzke sind der einzige Wegweiser durch diesen biblischen Roman. Kurzke arbeitet die wissenschaftlichen Grundlagen auf und verdeutlicht dem Leser detailliert Aufbau und Personnage des Romans, Thomas Manns brillante, geistvolle, ironisch-distanzierte Verbindung der Mythen mit eigener Lebenserfahrung und vielfältigem Quellenstudium, berichtet über die Entstehung und die Wirkungsgeschichte dieser Tetralogie und stellt sie dem Gesamtwerk gegenüber. Hermann Kurzke verliert dabei nirgends Thomas Manns Kunst, seine Leser zu lenken, aus dem Blick.

Der Autor

Hermann Kurzke, geb. 1943 in Berlin, ist Professor für Neuere deutsche Literaturgeschichte in Mainz. Er veröffentlicht seit über 25 Jahren Bücher und Aufsätze zu Thomas Manns Leben und Werk.

Er publizierte u. a.: ›Thomas Mann, Das Leben als Kunstwerk. Eine Biographie‹ (1999); als Herausgeber zusammen mit Stephan Stachorski: ›Thomas Mann, Essays‹ (Bd. I–VI, S. Fischer Verlag, 1993–1997). Er ist einer der Herausgeber der Großen kommentierten Frankfurter Ausgabe der Werke von Thomas Mann.

Hermann Kurzke
Mondwanderungen
Wegweiser durch Thomas Manns Joseph-Roman

Fischer Taschenbuch Verlag

Originalausgabe
Veröffentlicht im Fischer Taschenbuch Verlag,
einem Unternehmen der S. Fischer Verlag GmbH,
Frankfurt am Main, November 2003

Gesamtherstellung: Clausen & Bosse, Leck
Printed in Germany
ISBN 3-596-16011-1

Inhalt

Prolog
Führer und Wanderer

Der Hundsköpfige

Schwarz, wie nur Särge es sind, ist die Gondel, mit der in Thomas Manns Erzählung *Der Tod in Venedig* der Künstler Gustav von Aschenbach zum Lido gebracht wird. Der Gondolier, der ihn fährt, verschwindet nach der Überfahrt spurlos und ohne Bezahlung, wie ein Geist[1]*. In der Tat gehört er zu einer anderen Welt. Am Lido wird Aschenbach sterben. Der Gondelführer bringt ihn ins Reich des Todes. Aus dem Realistischen ragt er ins Mythische. Er ist der Fährmann Charon, der die Toten zu den Pforten der Unterwelt übersetzt. Er ist Hermes, der Götterbote, in seiner Eigenschaft als »Psychopompos«, als Führer der Seelen in den Hades hinab. Im *Tod in Venedig* hat Thomas Mann das erste Mal jenes mythische Erzählen erprobt, das er im Joseph-Roman dann im ganz großen Stil anwendet.

Als Jaakob vor Esau fliehen muß, den er um den Erstgeburtssegen betrogen hat, läuft ein Schakal vor ihm her durch die rote Wüste, »lang, spitzohrig und schmutziggelb«. Er läßt Jaakob manchmal so nahe herankommen, daß diesen sein beizender Dunst trifft, wendet den Hundskopf nach ihm um, sieht ihn an und trottet weiter. Das merkwürdige Tier ist ein Führer wie Charon, wie Hermes Psychopompos. »Jaakobs Wissen und Denken war viel zu beziehungsreich, als daß er ihn nicht erkannt hätte, den Öffner der ewigen Wege, den Führer ins Totenreich.«[2]

Vor seiner Hochzeitsnacht hat Jaakob einen Traum, in dem wieder der Hundsköpfige vorkommt, wie er vor ihm durch die Wüste trabt und sich dann auf einem Stein niederläßt. Der Hundsknabe ist zunächst eine Erscheinungsform des ägypti-

* Die Hochziffern verweisen auf die Anmerkungen, S. 181–196.

schen Gottes Anup (Anubis). Er ist zugleich aber auch wieder der griechische Gott Hermes. »Haben Sie bemerkt, daß ich ihn genau in der Pose des Hermes von Lysipp in Neapel auf seinen Stein gesetzt habe«, schreibt Thomas Mann an seinen mythologischen Berater Karl Kerényi[3].

1 Hermes. Kopie nach Lysipp.

Er saß auf dem Brocken in lässiger Haltung, etwas vorgeneigt und einen Unterarm auf den Oberschenkel des eingezogenen Beines gelehnt, so daß eine Bauchfalte sich über dem Nabel bildete, und hielt das andere Bein vor sich hingestreckt, die Ferse am Boden.[4]

Wohin aber führt Anup-Hermes den Jaakob vor der Hochzeitsnacht? Wieder, wie im *Tod in Venedig*, geht es um die Liebe, die den Tod bringt. Der Erzähler kommentiert:

> Denn des Lebens Hochzeitspunkt ist des Todes Punkt und ein Fest der Wende, da der Mond den Tag seiner Höhe und Fülle begeht und kehrt von nun an sein Angesicht wieder der Sonne zu, in die er versinken soll. Jaakob sollte erkennen, die er liebte, und zu sterben beginnen.

Anup bereitet Jaakob außerdem auf eine große Täuschung vor. Nicht die liebliche Rahel, um die er schon sieben Jahre dient, wird ihm im völligen Dunkel der Hochzeitsnacht zugeführt werden, sondern Lea, die Triefäugige, ihre Schwester. Auch der geträumte Anup ist aus einer Verwechslung entstanden. »Es war ein Versehen«, erklärt der Hundekopf »mühsamen Maules«. Sein Vater Osiris habe ihn gezeugt, aber nicht mit Isis, seiner Eheschwester, sondern mit Nebthot, der Schwester und Gemahlin seines Bruders Set. Der Anup-Traum bereitet die bittere Erkenntnis vor, daß der Trieb blind ist. Der tiermenschliche Gott belehrt Jaakob:

> Denn es ist ein Frauenleib wie der andere, gut zum Lieben, zum Zeugen gut. Nur das Angesicht unterscheidet den einen vom andern und macht, daß wir wähnen, in diesem zeugen zu wollen, aber in jenem nicht. Denn das Angesicht ist des Tages, der voller aufgeweckter Einbildungen ist, aber vor der Nacht, die die Wahrheit weiß, ist es nichts.

Einer Göttin in Hundsgestalt (der »Hündin«) opfert auch die Frau des Potiphar, um Joseph sexuell gefügig zu machen[5], und in den Hundestall wird Joseph geworfen, nachdem er sein Obergewand in ihren Händen hatte zurücklassen müssen[6]. Der Hund ist in der Bilderwelt des Romans »das Symbol der unbeschränkten Geschlechtsmischung«[7]. Anups Botschaft ist die des Pessimisten Schopenhauer, der in § 60 seines Hauptwerkes *Die Welt als Wille und Vorstellung* erklärt hat, daß der Geschlechtstrieb »der eigentliche Brennpunkt des Willens und folglich der entgegengesetzte Pol des Gehirns« sei. Das Gehirn richtet nichts aus gegen den Trieb: »Die Genitalien sind viel mehr als irgendein anderes äußeres Glied des Leibes bloß dem Willen und gar nicht der Erkenntnis unterworfen.«[8]

»Ich werde meinen Kopf schon noch los«, sagt Anup in Jaakobs Traum[9]. Was ist damit gemeint? In dem bereits erwähnten Brief an Karl Kerényi hat Thomas Mann das Rätsel gelöst:

> Es ist fast ein Privatspaß, über den jedermann wegliest. Aber es handelt sich um die Carrière eines Gottes. Dieser Anup, jetzt noch halb tierisch und satyrhaft, ist ja der zukünftige Hermes Psychopompos.

Der ägyptische Tiergott Anup wird also einst im Zuge des Gesittungsfortschritts der Menschheit humanisiert werden zum schönen griechischen Hermes.

Der Mann auf dem Felde

Als Joseph im bunten Kleid zu seinen Brüdern reist, um »nach dem Rechten zu sehen«, trifft er einen Mann auf dem Felde, der ihm zeigen will, wo seine Brüder ihre Herden weiden. Es handelt sich um einen Engel. Er ist nicht gleich als solcher erkennbar, aber eine Reihe von Anspielungen machen seine mythische Herkunft bald zweifelsfrei. Zur Engelsarbeit gehören Botendienste: »Ich führe die Reisenden und öffne ihnen die Wege«[10]. Der Mann nennt sich »mutterlos«, ist also kein gezeugtes Wesen. Sein Geschlecht bleibt undeutlich. Arme und Antlitz sind eher frauenhaft; er ist »noch kein Mann in des Wortes vollster Bedeutung«. Er rückt mit den Schultern, was wohl heißen soll, daß er sonst Flügel zur Verfügung hat. (»Ich bin vorübergehend gewisser Erleichterungen in meinem Fortkommen beraubt.«) Es stört ihn, daß Joseph seinen Vater Jaakob »Jisrael« (»Gott führt Krieg«) nennt, also mit jenem Ehrennamen, der aus Jaakobs Kampf mit dem Engel herrührt, aus dem er zwar in der Hüfte lahmend, aber doch immerhin unbesiegt hervorgegangen war[11]. Der Mann findet diesen Namen hochtrabend. Das alles ist nur verständlich, wenn man ihn als Engel identifiziert. Als solcher ärgert er sich offenbar, daß sein Engelkollege damals nicht siegen konnte.

Später stellt sich heraus, daß der Mann stiehlt. Joseph nimmt das mythologisch, nicht persönlich, er erkennt ihn als »Diener des Gottes der Diebe«[12] und meint, insofern stehle er aus einer gewissen Frömmigkeit heraus. Der Gott der Diebe ist wiederum der griechische Hermes, der hier also mit einem jüdischen Engel zu einer Gestalt verschmolzen wird.

Auch die Gestalt des Engels hat Thomas Mann von einer Hermesdarstellung entliehen

2 Hermes, Eurydike, Orpheus.

Verwirrt betrachtete Joseph ihn von der Seite. Er sah ihn recht gut. Der Mann war eigentlich noch kein Mann in des Wortes vollster Bedeutung, sondern nur einige Jahre älter als Joseph, doch höher gewachsen, ja lang, in einem ärmellosen Leinenkleide, das bauschig durch den Gürtel hinaufgezogen und so zum Wandern kniefrei gemacht war, und einem über die eine Schulter zurückgeworfenen Mäntelchen. Sein Kopf, auf etwas geblähtem Halse sitzend, erschien klein im Verhältnis, mit braunem Haar, das in schräger Welle einen Teil der Stirn bis zur Braue bedeckte. Die Nase war groß, gerade, und fest modelliert, der Zwischenraum zwischen ihr und dem kleinen, roten Munde sehr unbedeutend, die Vertiefung unter diesem aber so weich und stark ausgebildet, daß das Kinn wie eine kuglige Frucht darunter hervorsprang. Er wandte den Kopf in etwas gezierter Neigung zur Schulter und blickte über diese aus nicht unschönen, aber mangelhaft geöffneten Augen mit matter Höflichkeit auf Joseph hinab, schläfrig verschwommenen Ausdrucks, wie er entsteht, wenn einer zu blinzeln verabsäumt. Seine Arme waren rund, aber blaß und ziemlich kraftlos.[13]

Der Mann auf dem Felde taucht wenig später wieder auf als Bewacher jenes inzwischen leeren Brunnens, in den Joseph von seinen Brüdern geworfen wurde, bevor sie ihn an einen reisenden Kaufmann veräußerten. Er sitzt dort wie der Engel am Grabe Jesu, als der Stein weggewälzt ist und die Frauen kommen, um den Leichnam zu salben[14], aber Jesus ist nicht mehr da, er ist aus dem Grabe hervorgegangen wie Joseph aus dem Brunnen. Als neutestamentlicher Engel wird der Mann auch kenntlich durch die Jesusworte, die Thomas Mann ihm in den Mund legt, vom Weizenkorn, das in die Erde fallen und sterben muß, um Frucht zu bringen.[15]

Derselbe Mann führt Joseph und die Kaufleute wenig später durch die Wüste, von Gaza aus ins fruchtbare Nilland, nach Ägypten. Wie der Gondolier im *Tod in Venedig* verschwindet er, ohne seinen Lohn zu verlangen.

Weitere Hermes-Figuren

Immer wieder hat Joseph in den entscheidenden Phasen seines Lebens solche unauffälligen Begleiter. Sie reisen als Boten Gottes, dessen Aufträge sie ausführen. Der minäische Kaufmann bringt Joseph aus dem Brunnen nach Ägypten, ins Haus des Potiphar. Der Schreiber Cha'ma't, dessen Berufsgott Thot mit Hermes verwandt ist, bringt ihn von dort ins Gefängnis. Vom Gefängnis abgeholt wird er von einem Eilboten, der als Hermesfigur kenntlich wird durch die kleinen Flügelpaare aus Goldblech, die er an seinen Sandalen und an seiner Kappe trägt.

Am Ende wird Joseph selbst noch zum Hermes, zum schelmischen Vermittler »zwischen Sonnengewalt und Mondesgewalt, Vatererbe und Muttererbe, zwischen Tagessegen und dem Segen der Nacht [...], zwischen Leben und Tod«.[16] Pharao identifiziert ihn als den witzigen »Herrn der Stückchen«[17], der ihm dient als politischer Schlaumeier und raffinierter Gott des Handels und der Ernährung.

Der Mond

Ein Mittler und Wanderer wie Hermes ist auch der Mond. »Zarte und feierliche Beziehungen« zu ihm unterhält Thot, der Gott der Schreibkunst und Wissenschaft[18]. Der Mond ist der Schutzpatron der Erzähler:

> Des Erzählers Gestirn – ist es nicht der Mond, der Herr des Weges, der Wanderer, der in seinen Stationen zieht, aus jeder sich wieder lösend?[19]

Er ist »der Mittler zwischen Oben und Unten, der die Träume der Sonne kennt«[20], denn er ist weiblich-empfangend im Verhältnis zur Sonne und männlich-zeugend im Verhältnis zur Erde, zweideutig und deshalb »eine gewisse Einheit des Weltalls verbürgend«, »zum Dolmetsch zwischen Sterblichen und Unsterblichen« taugend[21]. Sonne und Erde sind, jeweils für sich genommen, feindliches Gebiet ohne des Mondes Vermittlung. Zum Sonnenbereich gehört die Wüste, zum Erdbereich der Acker, zum Mond aber der Hirte und seine ziehende Herde. Zu seinem Vater Jaakob sagt der junge Joseph, seine Mondanbetung verteidigend:

> Ja, du bist Habel, der Mond und der Hirt, und alle die Deinen, wir sind Hirten und Schäfersleute und nicht Leute der ackerbauenden Sonne [...]. Wir aber blicken auf zum Herrn des Weges, dem Wanderer, der da ziehet im weißen Gewande glänzend herauf...[22]

Die Idee des Mondes als Mittler hatte Thomas Mann von Johann Jakob Bachofen. Am 25. 11. 1933 notiert er im Tagebuch:

> Später las ich noch einige Abschnitte im Bachofen, der eine sehr anregende Wirkung hat. Josephs Mondnatur (der stofflichste der himmlischen Körper, der geistigste der irdischen) ist interessant. Tellurischer und geistiger »Segen«. Künstlertum.[23]

Künstlertum sei »hermetisch-mondverwandtes Mittlertum zwischen Geist und Leben«, schreibt Thomas Mann auch in dem 1939 erschienenen Essay *Bruder Hitler*[24]. Die ganze Gedankenreihe faßt dann der Essay *Schopenhauer* zusammen:

> Das Mond-Symbol, dies kosmische Gleichnis allen Mittlertums, ist der Kunst zu eigen. Der alten, der frühen Menschheit nämlich war das Mondgestirn merkwürdig und heilig in seiner Doppeldeutigkeit, in seiner Mittel- und Mittlerstellung zwischen der solaren und der irdischen, der geistigen und der stofflichen Welt. Weiblich empfangend im Verhältnis zur Sonne, aber männlich zeugerisch im Verhältnis zur Erde, war der Mond ihnen der unreinste der himmlischen, aber der reinste der irdischen Körper. Er gehörte zwar noch der stofflichen Welt an, nahm aber in dieser die höchste, geistigste, ins Solarische übergehende Stelle ein und webte an der Grenze zweier Reiche, sie zugleich scheidend und verbindend, die Einheit des Alls verbürgend, der Dolmetsch zwischen Sterblichen und Unsterblichen. – Genau dies denn also ist die Stellung der Kunst zwischen Geist und Leben. Androgyn wie der Mond, weiblich im Verhältnis zum Geiste, aber männlich zeugend im Leben, die stofflich unreinste Manifestation der himmlischen, die übergänglich reinste und unverderblich geistigste der irdischen Sphäre, ist ihr Wesen das eines mondhaft-zauberischen Mittlertums zwischen den beiden Regionen. Dies Mittlertum ist die Quelle ihrer Ironie.[25]

Zum Begriff »Mythos«

Mythos und Wissenschaft

Das Wort »Mythos« (oder »Mythus«, wie Thomas Mann in der zu seiner Zeit üblichen Weise meistens schrieb), bezeichnet zunächst die Summe der Bilder, Legenden, Geschichten und Weisheiten, in denen das Selbstbewußtsein einer Kultur in nichtbegrifflicher Weise zum Ausdruck kommt. Mythos als sinnlich-konkrete Art des Erkennens steht insoweit im Gegensatz zu Wissenschaft als begrifflich abstrahierender Art des Erkennens. Mythos ist jedenfalls Erkenntnis, nicht einfach Erfindung und blinde Lügenfabel. Daß schon der Mythos Aufklärung sei, betonten auch Horkheimer und Adorno in der *Dialektik der Aufklärung*, denn er gibt dem unbegriffenen Sein der Dinge und des Lebens eine Sprache, mit der es sich beherrschen läßt. Umgekehrt ist jede Wissenschaft auch Mythos, sofern keine je auf Bilder verzichten konnte und noch das abstrakteste Regelsystem als eine Art Erzählung verstanden werden kann, die, wie die Mythen der alten Völker, das furchterregende Chaos des unbegriffenen Lebens und der Natur in eine verstehbare Ordnung zwingt.

Mythos und Zeit

Der Mythos vergegenwärtigt ein Urgeschehen. Einst hat irgendein Kain wirklich seinen Bruder Abel erschlagen. Die mythische Erzählung von Kain und Abel, die aus diesem Urgeschehen allmählich entstand, bietet in der Folgezeit das Paradigma, das für alle ähnlich gelagerten Fälle als Modell dient. Wer immer seinen Bruder erschlägt, vergegenwärtigt die Urtat Kains. Weil Esau seinen Bruder Jaakob, der ihn um den Segen betrogen hat, töten will, nennt der Erzähler ihr Verhältnis »die Wiederkehr und das Gegenwärtigwerden – die zeitlose Gegenwärtigkeit – des Verhältnisses von Kain zu Abel; und in diesem war Esau nun einmal Kain«[1].

So bietet der Mythos Vorbilder für alle nur denkbaren Situationen. Alles, was geschieht, ist Wiederholung. Verstehen bedeutet, das zu einer Situation passende Urgeschehen, das einer Figur zugehörige Vor-Bild zu finden. Der Mythos denkt »typologisch« und »figural«. Der Deuter sucht im Mythenschatzhaus nach dem Prototyp für eine Situation oder dem Modell für eine Figur. So ist der neutestamentliche Jesus, der von Judas für dreißig Silberlinge verraten wird, eine figurale Wiederholung des alttestamentlichen Joseph, der von seinen Brüdern verkauft wird: »Dreißig Silberlinge verlangte Juda im Namen der Seinen«[2].

Jesu Grab mit dem Stein davor ist eine typologische Wiederholung des Brunnens, in den Joseph geworfen wurde, und Jesu Auferstehung eine Wiederholung der Errettung Josephs durch die midianitischen Kaufleute.

Deshalb ist im Roman Eliezer, Jaakobs Ältester Knecht und Josephs Mythenlehrer, zugleich der Urknecht Abrahams, der als erster den Namen Eliezer trug. Man hat es mit Personen zu

3 Joseph im Brunnen. Biblia pauperum, 15. Jahrhundert.

Die Abbildung zeigt die uralte, von Thomas Mann revitalisierte typologische Parallele zwischen dem Verkauf Josephs durch die Brüder und dem Verrat Jesu durch Judas, ferner zwischen dem Brunnen Josephs und der Grablegung Jesu. Im Begleittext heißt es: »Dirre Joseph virkaufft von den bruderen unschuldeclich bedudit Christum unschuldeclich und schemelich virkaufft von Juda, der ene den iuden umme xxx phenge virkaufft [...]« (Dieser Joseph, von den Brüdern unschuldig verkauft, bedeutet Christus, unschuldig und schmählich verkauft von Judas, der ihn den Juden für 30 Pfennige verkaufte.)

tun, die nicht genau wissen, wer sie sind, deren Individualität nicht streng begrenzt ist, sondern nach hinten offensteht[3]. Sie können deshalb die längst verflossenen Erlebnisse des mythischen Vorbilds als gegenwärtige und eigene erzählen.

Mythos und Fortschritt

Sofern alles Leben nur Wiederholung vorgegebener Muster ist, kennt das mythische Denken keine Zeit. Alles ist ewige Gegenwart. Thomas Mann hat jedoch versucht, in dieses System der Zeitlosigkeit doch eine Zeitkomponente einzubauen, die es erlaubt, ein Fortschreiten der Menschengeschichte denkbar zu machen. Leben ist zwar Wiederholung, aber manchmal auf einer höheren Stufe. Im Laufe der Geschichte schrauben sich die Wiederholungen immer höher und erfahren dabei eine Veränderung, die im günstigsten Falle als Vergeistigung, Transzendierung, Spiritualisierung und Zivilisierung erfolgt. Aus der Tat wird das Zitat, aus dem Ereignis das Zeichen, aus der Gewalthandlung die bloße Anspielung, aus der wirklichen Aggression die symbolische. Am Anfang bedurfte es des Menschenopfers, um einen gekränkten Gott gnädig zu stimmen. Es wird im Zuge des Zivilisierungsfortschritts durch das Tieropfer ersetzt. Er-lösung heißt ursprünglich Auslösung eines Pfandes, die Auslösung der Gott zustehenden Erstgeburt durch das Tier zum Beispiel. Abraham will seinen Sohn Isaak opfern, Gott schickt ihm aber im letzten Moment einen Widder. Die Brüder tränken Josephs buntes Kleid mit dem Blut eines Lammes, das Jaakob stellvertretend Josephs Tod anzeigen soll[4]. Der Kreuzestod Jesu wird erinnernd im Meßopfer wiederholt. Brot und Wein vertreten Fleisch und Blut. Solche Spiritualisierungen des Mythos, die die Bluttat durch das Zeichen ersetzen, sind die entscheidenden Gesittungsfortschritte. Thomas Mann zeigt in der Joseph-Figur das mythische Denken auf einer hohen Gesittungsstufe, wo es human und humorvoll mit den mythischen Urprägungen umzugehen gelernt hat. »Das ist aber der Vorteil der späten Tage, daß wir die Kreisläufe schon kennen, in denen die Welt abrollt«, sagt Joseph tröstend zu seinem Vater[5].

Daß es Rückfälle gibt – als schlimmsten Rückfall in barbarische Stufen des Mythos hat Thomas Mann den Nationalsozialismus empfunden –, zeigt der Roman humoristisch im Kapitel *Urgeblök*. Als Sterbender fällt Isaak ins Ur-Unflätige des noch nicht zivilisierten Mythos zurück. Er kündet

> von dem Blute des Schafbocks, das als sein, des wahrhaften Sohnes, Blut habe angesehen werden sollen, vergossen zur Sühne für alle. Ja, dicht vor seinem Ende versuchte er mit dem sonderbarsten Erfolge wie ein Widder zu blöken [...] »Einen Gott soll man schlachten«, lallte er mit uralt-poetischem Wort und lallte weiter, den Kopf im Nacken, mit weit offenen, leeren Augen und gespreizten Fingern [...] »Siehe, es ist geschlachtet worden«, hörte man ihn röcheln, faseln und künden, ohne daß man gewagt hätte, nach ihm zu schauen, »der Vater und das Tier an des Menschen Statt und des Sohnes, und wir haben gegessen. Aber wahrlich, ich sage euch, es wird geschlachtet werden der Mensch und der Sohn statt des Tieres und an Gottes Statt, und aber werdet ihr essen.« Dann blökte er noch einmal naturgetreu und verschied.[6]

Der Joseph-Roman im Überblick

4 *Gottes Schöpfung, Einleitungsholzschnitt zu Martin Luthers Bibelübersetzung, Wittenberg 1545.*

Es empfiehlt sich, vor der Lektüre des Romans das Buch *Genesis* des Alten Testaments zu lesen oder sich wieder in Erinnerung zu rufen. Man ist dann immer orientiert, auch wenn man, um dem einschüchternden Vorspiel *Höllenfahrt* auszuweichen, irgendwo in der Mitte des Romans mit der Lektüre beginnt, dort, wo er ausgesprochen unterhaltend ist – bei Jaakobs Werbung um Rahel etwa[1], oder dort, wo Joseph die Brüder reizt, von ihnen in den Brunnen geworfen und nach Ägypten verkauft wird[2]. Als Einstieg geeignet sind auch die Reisekapitel[3] und die Traumdeutungskapitel[4].

Vorspiel: Höllenfahrt

Der Erzähler steigt hinab in die Unterwelt wie Jesus im Apostolischen Glaubensbekenntnis (»abgestiegen zu der Hölle, am dritten Tage wieder auferstanden von den Toten«), wie Adonis, der ein Drittel des Jahres in der Unterwelt lebt, wie Dante und Vergil ins *Inferno* (in der *Göttlichen Komödie*), wie Odysseus, der im Reich der Schatten die Seelen der Abgeschiedenen zum Leben erweckt (im 11. Buch der *Odyssee*). Er geht in die Unterwelt, »gleichwie Ischtar den Tammuz dort suchte und Eset den Usiri«[5].

5 *Dante (D) und Vergil (V) am Eingang zur Hölle – in der die Frau des Potiphar besondere Qualen leidet (›Inferno‹ 30, 97). Holzstich (1491).*

Wie Richard Wagners *Ring des Nibelungen* sollte auch Thomas Manns Joseph-Roman ein Vorspiel erhalten. *Höllenfahrt* läßt viele wichtige Motive und Grundgedanken des Romanwerks ein erstes Mal anklingen. Das Vorspiel enthält hochverdichtet die Quintessenz des Romans und ist entsprechend schwer zu lesen. Thomas Mann entfaltet dort die den Roman strukturierende Theorie der Geschichte. Sein Geschichtsbegriff ist anders als der des Alten Testaments. Während die Bibel alle Ereignisse auf eine heilsgeschichtliche Linie zu bringen versucht und ein Ziel der Geschichte kennt, ist das Denken des Vorspiels eher zyklisch, also geprägt vom Gedanken der Wiederkehr des Gleichen. Wo die Bibel Anfänge sieht, sieht der Erzähler eine unendliche Dünenkulisse, bei der sich hinter jeder erstiegenen Düne der Blick auf neue Dünen auftut[6]. Ob man die Menschengeschichte bei Abraham, bei Adam oder nach der großen Flut beginnen läßt, ob ägyptisch bei Urkönig Meni oder in den Tagen des Set: stets von neuem kommt die Frage nach dem noch Davorliegenden, nach einem Ur-Anfang auf. Die unterschiedlichen Kulturen haben unterschiedliche Anfangslegenden. Wer die Schrift erfand, wer den Wein, wer zuerst Rinder und Schafe häuslich machte: darüber hat jedes Volk seine eigenen Überlieferungen. Die große Flut gab es an verschiedenen Orten zu verschiedenen Zeiten; der Untergang von Atlantis war, menschheitsgeschichtlich gesehen, nur »eine fürchterliche Gedächtnisauffrischung«[7]. Der Turm von Babel kehrt nicht nur in der großen Pyramide des Chufu (Cheops) wieder, sondern auch in den Turmerzählungen der südamerikanischen Kulturen[8]. Auch das Paradies gibt es nicht nur einmal. Es vermengt sich zum Beispiel mit der Sage vom Goldenen Zeitalter und gehört in eine relativ späte Zeit, keineswegs an den Anfang der Dinge. Am Anfang, wenn es denn einen gibt, liegt viel eher die Hölle der Urzeit, als der Mensch »im Verzweiflungskampf mit gepanzerten Fleischgebirgen von Raubmolchen und fliegenden Echsen seinen Lust- und Angsttraum vom Leben erlitt«[9].

Nach den breit und humoristisch ausgemalten Zweifeln an den Gründungslegenden biblischer, ägyptischer und hellenistischer

Herkunft gibt der Erzähler in den Kapiteln 8 und 9 des Vorspiels seine eigene Gründungstheorie. Es handelt sich um eine schopenhauerisierende Version der Sündenfallmythe. Danach ist das eigentliche Ur die Seele, »sie war immer, vor der Zeit und den Formen, wie Gott immer war und auch die Materie«[10]. Die Materie ist am Anfang gestaltlos, formlos, zeitlos. In sie verliebte sich die Seele. Aus der »hochzeitlichen Erkenntnis von Seele und Materie« entstanden die Formen, entstand die Verschiedenheit, die Ausfaltung des Ureinen in die bunte Fülle der Welt, entstanden die Zeit und der Tod. Die Seele ist noch ohne Wissen, blind begierig, sich mit der formlosen Materie »zu vermischen und Formen aus ihr hervorzurufen, an denen sie körperliche Lüste erlangen könnte«. Die Seele über diese ihre fatale Neigung aufzuklären ist nun die Aufgabe des Geistes, den man am besten als die ihrer selbst bewußt werdende Seele definiert. Er hat der Seele klarzumachen, daß erst durch ihre törichte Vermischung mit der Materie die Welt der Formen, damit die Welt der Begrenztheiten, des Leidens und des Todes entstanden ist. Er hat sie zur Heimkehr ins ewige Licht zu veranlassen, woraufhin auch die Materie aus ihrer Formgebundenheit erlöst würde, »sich der Formlosigkeit wieder erfreuen« dürfte und ebenfalls auf ihre Weise glücklich wäre, im wiedererrungenen Zustand vor dem Sündenfall.

Damit aber die Menschengeschichte nicht nur als Irrweg erscheine, deutet der Erzähler, nicht restlos konsequent, außer dem Weg zurück auch einen Weg nach vorne an. Die stille Hoffnung Gottes liege in der Vereinigung, »in dem echten Eingehen des Geistes in die Welt der Seele, in der wechselseitigen Durchdringung der beiden Prinzipien und der Heiligung des einen durch das andere zur Gegenwart eines Menschentums« – und hier bringt Thomas Mann zuerst die synthetische Grundformel des Joseph-Romans – »das gesegnet wäre mit Segen oben vom Himmel herab und mit Segen von der Tiefe, die unten liegt.«[11] »Oben« heißt in diesem Zusammenhang Geist, Klugheit und Nüchternheit, »Unten« heißt Trieb, Leben und Fruchtbarkeit.

Das zehnte und letzte Kapitel des Vorspiels faßt alles zu einer Erzähltheorie zusammen. Des Erzählers Gestirn ist der Mond, der Mittler zwischen Himmel und Erde. Der Erzähler vermittelt Oben und Unten, Geist und Leben, Ich und Es, Tod und Geburt, Zeitlichkeit und Ewigkeit. Erzählen hebt die Zeit auf und macht damit eine Illusion rückgängig. »Denn das Wesen des Lebens ist Gegenwart, und nur in mythischer Weise stellt sein Geheimnis sich in den Zeitformen der Vergangenheit und der Zukunft dar.«[12]

Das Vergangene wiederholt sich im Fest. »Jede Weihnacht wieder wird das welterrettende Wiegenkind zur Erde geboren, das bestimmt ist, zu leiden, zu sterben und aufzufahren.«[13] Das Fest stellt die Zeitlosigkeit her und macht aus dem »Es war« ein ewiges »Es ist«. Erzählen ist festliches Vergegenwärtigen:

> Fest der Erzählung, du bist des Lebensgeheimnisses Feierkleid, denn du stellst Zeitlosigkeit her für des Volkes Sinne und beschwörst den Mythus, daß er sich abspiele in genauer Gegenwart![14]

Die Geschichten Jaakobs

Am Beginn des ersten Romans sehen wir Joseph als halbnackten Jüngling am Brunnen im Mondlicht, wie er, babylonische und hebräische Mondnamen lallend, in Andachtsekstase gerät und seine Augen sich verdrehen, bis nur noch das Weiße sichtbar ist. Der Vater Jaakob kommt hinzu, nötigt ihn, sich zu bekleiden und ruft ihn von der Mondanbetung zum monotheistischen Vatergott zurück. Aus dem Gespräch von Vater und Sohn entwikkeln sich die Geschichten Jaakobs als große, sinnende Rückerinnerung, die sprunghaft die Zeiten wechselnd beginnt und erst dann in eine chronologische Folge mündet. Von Abraham, dem Gottsucher wird erzählt, der reich wurde, weil er sein Weib Sarai an Pharaos Frauenhaus verkaufte[15], von beider Sohn Jizchak (Isaak) und von dessen (oder eines viel späteren, der sich als neuer Jizchak fühlte) Zwillingssöhnen Jaakob und Esau. Jaakob ist der Kluge und Feine, Esau der Rauhe und Rote. Jaakob betrügt seinen Bruder um den Erstgeburtssegen[16]. Weil Esau ihn töten will, ergreift Jaakob die Flucht. Von Esaus Sohn Eliphas, einem halben Kind noch, wird er verfolgt und, weich und feige wie er ist, so sehr gedemütigt, daß er sich schließlich sogar vor seinem Kamel ein wenig schämt[17]. Doch der Herr schickt ihm als Trost und Haupterhebung den Himmelsleitertraum[18]. Jaakob kommt zu Laban[19], dem materialistischen »Erdenkloß«, und dient ihm sieben Jahre um seine liebliche Tochter Rahel. In der Hochzeitsnacht schiebt Laban ihm Rahels Schwester Lea unter; erst später erhält der Geprellte Rahel dazu. Lea ist fruchtbar und gebiert ihm nach und nach sechs Söhne und eine Tochter. Rahel ist viele Jahre lang unfruchtbar, bis sie endlich unter entsetzlichen Qualen Joseph, Jaakobs Elften, zur Welt bringt. Sofort gehört ihm Jaakobs verwöhnte Vorliebe. »Dumuzi, echter

Sohn« nennt er ihn, und Leas nicht minder echte Söhne sind von da an abgemeldet. »Damals senkte sich in die Herzen der Brüder der Keim des Hasses« gegen Joseph[20].

Jaakob ist reich geworden bei Laban durch Gottes Segen und eigene Raffinesse. Er weiß sich für den Hochzeitsbetrug zu rächen durch die List, mit der er die Zahl der gesprenkelten Schafe vermehrt, die der Abmachung gemäß ihm zustehen. Er macht sich selbständig und zieht hinweg. Esau versöhnt er mit Geschenken[21].

Die Geschichte Dinas, seiner einzigen Tochter, wegen der Josephs Brüder unter Anführung von Schimeon und Levi ein Blutbad unter den Bewohnern von Sichem anrichten, wird erzählt[22], um die archaische Grausamkeit und den Gesittungsrückstand der Jaakobssöhne zu zeigen, und kontrastiv dazu Jaakobs wehrlose Friedensliebe.

Um von Sichem zu fliehen, zieht Jaakob ins Land seiner Väter. Rahel ist schwanger, und niemals hätte Jaakob ihr eine Reise zugemutet, wenn ihn die blutige Tat seiner Söhne nicht dazu gezwungen hätte[23]. Insofern sind sie mit schuld am Tod seiner Liebsten, denn Rahel stirbt am Wege, nachdem sie Benjamin, den zwölften und letzten der Brüder geboren. Ein furchtbares und tief rührendes Geschehen – und dennoch ein notwendiges, eine belehrende Strafe für Jaakob, der Rahel ohne Maß bevorzugt hatte und dem seine Seele so selbstverliebt wichtig war. Deshalb wird ihm Rahel genommen, wie auch Joseph ihm genommen werden wird. Dennoch wirkt es beinahe zynisch, wenn der Erzähler von Jaakobs Fortschritten bei der »Arbeit am Göttlichen« spricht in Rahels Todesnacht und auch noch vermerkt, es sei ganz im Sinne ihrer Liebe gewesen, »daß Jaakob, ihr Mann, doch geistlichen Vorteil hatte von ihrem Sterben.«[24]

6 Hans Schöllhorn, Beduinenmädchen.
Bildvorlage für Dina.

Sie war nicht schön, kein Leakind war das, aber ein Reiz ging zu jener Zeit von ihrer Jugend aus, süß, zäh, gleichsam Fäden ziehend wie Dattelhonig […] Sie hatte ein dunkles Frätzchen mit schwarzen Haarfransen in der Stirn unter dem Schleiertuch ihres Hauptes, lange finster-süße Augen von klebrigem Schwarz […][25]

Der junge Joseph

Der zweite Roman, wie die anderen in sieben Hauptstücke gegliedert, erzählt die Geschehnisse des 37. Kapitels des Buches *Genesis*. Er beginnt wieder mit einer mythologischen Grundlegung (erstes bis drittes Hauptstück), die vor allem Josephs Ausbildung durch den schreibkundigen Knecht Eliezer schildert[26]. Daran schließt sich (im vierten bis siebten Hauptstück) eine weitgehend der biblischen Chronologie folgende Wiedergabe der Unbescheidenheiten Josephs an, die den Haß der Brüder schließlich so stark aufreizen, daß sie Joseph in einen dürren Brunnen werfen und drei Tage später an vorbeiziehende Wanderhändler verkaufen.

»Joseph war schön und hübsch von Angesicht«, weiß der biblische Bericht zu melden[27], und »Israel aber hatte Joseph lieber denn alle seiner Kinder«. Die Brüder hatten Grund, ihn zu beneiden. Schonung ihrer Empfindlichkeiten war zudem seine Sache nicht:

> Dazu hatte Joseph einmal einen Traum und sagte seinen Brüdern davon; da wurden sie ihm noch feinder. Denn er sprach zu ihnen: Höret doch, was mir geträumt hat. Mich deuchte, wir banden Garben auf dem Felde, und meine Garbe richtete sich auf und stand; und eure Garben umher neigten sich vor meiner Garbe.[28]

Joseph sündigt durch narzißtischen Hochmut. Er ist ein ichsüchtiger Schreiber und Träumer, also ein Künstler wie Thomas Mann, überzeugt davon, »daß alle Menschen ihn mehr liebten denn sich selbst«[29]. Er treibt es wirklich weit: »Siehe, ich habe noch einen Traum gehabt; mich deuchte, die Sonne und der Mond und elf Sterne neigten sich vor mir.«[30] Als er dem Vater

auch noch das kostbare bunte Kleid abgeschwatzt hat und damit vor den Brüdern einherstolziert wie ein Pfau, läuft das Faß über, sie stürzen sich wutentbrannt auf ihn, als wollten sie ihn in Stücke reißen. Eigentlich wollen sie ihn auch wirklich töten und schwärmen von den Zeiten, als sie noch das Blutbad in Sichem anzurichten die Stärke hatten, und von dem sagenhaften Lamech, der wegen einer Strieme siebenundsiebzigmal gerächt wurde[31]. Rückständig im Sinne des Gesittungsfortschritts klagen sie über ihre schwächliche Furcht, die sie schließlich den symbolischen Tod im Brunnen dem wirklichen vorziehen läßt. Der Brunnen ist Josephs Regressions- und Bußort, »Eingang zur Unterwelt«[32] und Ort des Opfertods, der Wiedergeburt[33] und der Auferstehung[34].
Man bringt Jaakob das blutgetränkte Kleid, damit er glaube, Joseph sei von wilden Tieren zerrissen worden. Die maßlose Klage, die Jaakob daraufhin anstimmt, hat Thomas Mann nach dem Vorbild des alttestamentlichen Buches *Hiob* gestaltet. Jaakob sitzt wie Hiob auf einem Aschenhaufen und kratzt sich mit einer Scherbe[35]. Wie Hiob rechtet er ausführlich mit Gott und geht dabei so weit, seine eigene mythische Basis säkularisierend in Zweifel zu ziehen[36]. Aber noch die ergriffenste Klage ist auch Inszenierung, Theater, Rollenspiel, und der Erzähler vermerkt am Ende mit einer gewissen Befriedigung, daß Asche und Scherbe nur hatten dienen müssen, »daß er ausgiebig rechten mochte mit Gott«[37].

Joseph in Ägypten

Der dritte Roman erzählt die Ereignisse des 39. Kapitels des Buches *Genesis.* Aus Gen 39,1

> Joseph ward hinab nach Ägypten geführt; und Potiphar, ein ägyptischer Mann, des Pharao Kämmerer und Hauptmann, kaufte ihn von den Ismaelitern, die ihn hinabbrachten.

macht Thomas Mann die ersten drei Hauptstücke. Sie behandeln ausführlich die Reise hinab mit dem ismaelitischen Kaufmann, dem Joseph so schöne Sprüche zur Nacht zu sagen weiß[38]. Ägypten ist Unterwelt, Scheol, Todeswelt; deshalb nimmt Joseph den Todesnamen »Usarsiph« an, der dem Totengott Osiris Zugehörige, denn tot ist er für seinen Vater Jaakob.

Die Reise führt über Gaza zur Feste Zel, wo sie nach Ägypten eingelassen werden, und dann über das bröckelnde Per-Sopd und die Katzenstadt Per-Bastet in die Sonnenstadt On (Heliopolis) an der Spitze des Nildeltas, wo die Bewohner vor lauter gleißendem Sonnengolde ständig entzündete Augen haben[39]. Sie führt an den Pyramiden und an der Sphinx vorbei zunächst nach Memphis, in die alte Königsstadt, die aus der Mode gekommen ist, was ihre Bewohner, die den Berlinern ähneln, mit Ironie quittieren:

> Sie trugen alle denselben Leinenschurz und denselben Haarschnitt; dieselben waagerechten Schultern und dünnen Arme hatten sie alle und zogen alle auf ein und dieselbe naive und unverschämte Weise die Brauen hoch. Sie waren sehr zahlreich und spöttisch gelaunt auf Grund ihrer gleichförmigen Menge.[40]

7 *Das Tor der Feste Zel.*

Über dem Mauertor leuchtete in tiefen Linien und bunt ausgemalt mit feurigen Farben die riesige Figur eines nackthalsigen Geiers mit gebreiteten Fittichen, einen Balkenring in den Fängen, und rechts und links davon sprangen aus dem Ziegelgefüge ein Paar steinerner Brillenschlangen auf Sockeln, vier Schuh hoch, mit geblähten Köpfen auf ihren Bäuchen stehend, hervor, gräßlich zu sehen, das Zeichen der Abwehr.[41]

Von Memphis reist die Karawane zu Schiff weiter, nilaufwärts ins oberägyptische Wêse (Theben), in die neue Hauptstadt, wo als Pharao Amenophis III. regiert. Dort wird Joseph nach turbulenten Verhandlungen gekauft von Mont-kaw, dem Hausverwalter Potiphars, eines sehr hohen Würdenträgers an Pharaos Hof.

Im vierten und fünften Hauptstück wird Josephs glückhafter Aufstieg erzählt, vom stummen Diener bei Huij und Tuij, den heiligen Elterlein, über die Arbeit bei Glutbauch, dem Gärtner, zum Leib- und Lesedienst bei Potiphar und schließlich, nachdem

Gott den nierenkranken Mont-kaw aus dem Wege geräumt hat, zum Hausverwalter, damit erfüllt werde, was Gen 39,4 zu lesen steht, nämlich daß Potiphar ihn setzte über sein Haus, »und alles, was er hatte, tat er unter seine Hände«.

Potiphar, oder Peteprê, wie er bei Thomas Mann genannt wird, ist ein Eunuch. Im Unterschied zum Bibeltext, der davon nichts weiß, wurde er im Roman von seinen Eltern, den Zwillingsgeschwistern Huij und Tuij, kastriert und so zum »Hammel des Lichtes«[42] gemacht, weil sie glaubten, mit dieser Tat aus dem inzestuösen Sumpf der mutterrechtlichen Urzeiten heraustreten zu können ins kommende vaterrechtliche Zeitalter des Lichtes – »ihn wollten wir entziehen dem dunklen Bereich und ihn dem Reineren weihen«[43]. Peteprê ist verheiratet mit Mut-em-enet, der Priesterin und keuschen Mondnonne. Solcher Art ist die Ehe, in die Joseph einbricht.

Das Thema Potenz und Askese wird komödiantisch umspielt von dem antithetischen Zwergenpaar Dûdu und Gottliebchen. Dûdu ist der phallische Zeugezwerg, der vor lauter Potenzstolz eine Großwüchsige geheiratet hat. Er treibt Joseph in die Leidenschaft, um ihn zu vernichten. Gottliebchen ist der asexuelle Geist der Vernunft, schwach, aber lieb, der überall vor der Leidenschaft warnt.[44]

Aus dem einen biblischen Satz: »Und es begab sich nach dieser Geschichte, daß seines Herrn Weib ihre Augen auf Joseph warf und sprach: Schlafe bei mir!« (Gen 39,7) macht Thomas Mann weit über hundert Seiten[45], in denen bis ins einzelne erzählt wird, wie die Leidenschaft von Mut-em-enet Besitz ergreift und ihre Persönlichkeit allmählich zerstört. Denn Joseph, man weiß es, erhört sie ja nicht. Aber er geht der Versuchung auch nicht aus dem Weg, im Gegenteil, er will, ganz Künstler, »ein Virtuosenstück der Tugend« vollbringen[46]. Er bleibt keineswegs so unangefochten wie im biblischen Bericht. In Gen 39,11–12 wird die berühmte Szene vom keuschen Joseph folgendermaßen geschildert:

8 *Familie des Zwergs Seneb, Vorbild für Dûdu, seine Gattin Zeset und die Kinder Esesi und Ebebi.*

Es begab sich eines Tages, daß Joseph in das Haus ging sein Geschäft zu tun, und war kein Mensch vom Gesinde des Hauses dabei. Und sie erwischte ihn bei seinem Kleid und sprach: Schlafe bei mir! Aber er ließ das Kleid in ihrer Hand und floh und lief zum Hause hinaus.

Bei Thomas Mann wird die Situation erheblich zugespitzt. Zu fliehen gelang es Joseph erst, als bereits sein Fleisch aufstand gegen seinen Geist, »so daß er unter den geläufigsten und gescheitesten Reden zum Esel wurde«[47].
Das Urteil über Joseph fällt erträglich aus. Der noble und kluge Peteprê läßt ihn ins Gefängnis werfen, den zweiten Bußort, in dem Joseph nicht drei Tage wie im Brunnen, sondern drei Jahre zubringen wird, bis er auch aus dieser Grube wiederauferstehen wird.

Joseph, der Ernährer

Auf den Liebesroman folgt der politische Roman. *Joseph, der Ernährer* erzählt die Ereignisse der *Genesis*-Kapitel 40 bis 50. Ein *Vorspiel in Oberen Rängen* führt uns zunächst in maliziöse Debatten unter den Engeln, die sich klammheimlich die Hände reiben über Josephs Fall. Gott hatte »das Engeltier«, also den Menschen, diesen mißbürtigen Zwitter, »ein Gottesgleichnis, das zugleich fruchtbar war«[48], gegen ihren Willen erschaffen, weil er einen Spiegel wollte. Was dabei herausgekommen ist, sehen die Engel mit kaum verhohlener Schadenfreude. Über Josephs zweiten Sturz in die Grube herrscht bei ihnen »spitzig-sanfte Genugtuung«[49]. Auch über Gott selbst reden sie wenig respektvoll. Vor Ärger und Verlegenheit über die Aufführung seines Ebenbilds habe er sich schon mehrfach angeschickt, das Menschengeschlecht kurz und klein zu schlagen: In diesem Ton lassen sich die Engel über Gottes Strafaktionen aus. Die Erschaffung des Menschen sei »das Produkt von Gottes Neugier nach Sich selbst«[50]. Gott hat ein Interesse am Bösen, sofern es ihm eine schmeichelhafte Rolle ermöglicht: das Richten und Rechten, die Ausübung von Gnade und Barmherzigkeit.

Joseph, inzwischen siebenundzwanzig, macht sich schnell beliebt bei Mai-Sachme, dem Amtmann über das Gefängnis. Amenophis III. ist derweil in die ewigen Wohnungen eingegangen, und sein Sohn Amenophis IV., der sich Echnaton nennt, hat den Thron bestiegen. Wir schreiben also, historisch betrachtet, das Jahr 1365 vor Christus, was allerdings angesichts der Zeitauffassung des Romans keine große Rolle spielt. Eines Tages werden der Mundschenk und der oberste Bäcker Pharaos zu Joseph ins Gefängnis geworfen. Beide träumen, und Joseph legt aus:

> Da erzählte der oberste Schenke seinen Traum Joseph und sprach zu ihm: Mir hat geträumt, daß ein Weinstock vor mir wäre, der hatte drei Reben, und er grünte, wuchs und blühte, und seine Trauben wurden reif; und ich hatte den Becher Pharaos in meiner Hand und nahm die Beeren und zerdrückte sie in den Becher und gab den Becher Pharao in die Hand. Joseph sprach zu ihm: Das ist seine Deutung. Drei Reben sind drei Tage. Über drei Tage wird Pharao dein Haupt erheben und dich wieder in dein Amt stellen, daß du ihm den Becher in die Hand gebest nach der vorigen Weise, da du sein Schenke warst. Aber gedenke meiner, wenn dir's wohl geht, und tue Barmherzigkeit an mir, daß du Pharao erinnerst, daß er mich aus diesem Hause führe. (Gen 40,9–14)

Der Mundschenk wird dem Traume gemäß erhöht, der Bäcker aber wird hingerichtet. Der Schenk denkt an sein Versprechen erst Jahre später, als Pharao träumt und niemand ihm deuten kann.

> Und nach zwei Jahren hatte Pharao einen Traum, wie er stünde am Nil und sähe aus dem Wasser steigen sieben schöne, fette Kühe; die gingen auf der Weide im Grase. Nach diesen sah er andere sieben Kühe aus dem Wasser aufsteigen; die waren häßlich und mager und traten neben die Kühe an das Ufer am Wasser. Und die häßlichen und mageren fraßen die sieben schönen, fetten Kühe. Da erwachte Pharao. Und er schlief wieder ein, und ihm träumte abermals, und er sah, daß sieben Ähren wuchsen aus einem Halm, voll und dick. Danach sah er sieben dünne Ähren aufgehen, die waren vom Ostwind versengt. Und die sieben mageren Ähren verschlangen die sieben dicken und vollen Ähren. Da erwachte Pharao und merkte, daß es ein Traum war. Und da es Morgen ward, war sein Geist bekümmert; und er schickte aus und ließ rufen alle Wahrsager in Ägypten und alle Weisen und erzählte ihnen seine Träume. Aber da war keiner, der sie dem Pharao deuten konnte. (Gen 41,1–8)

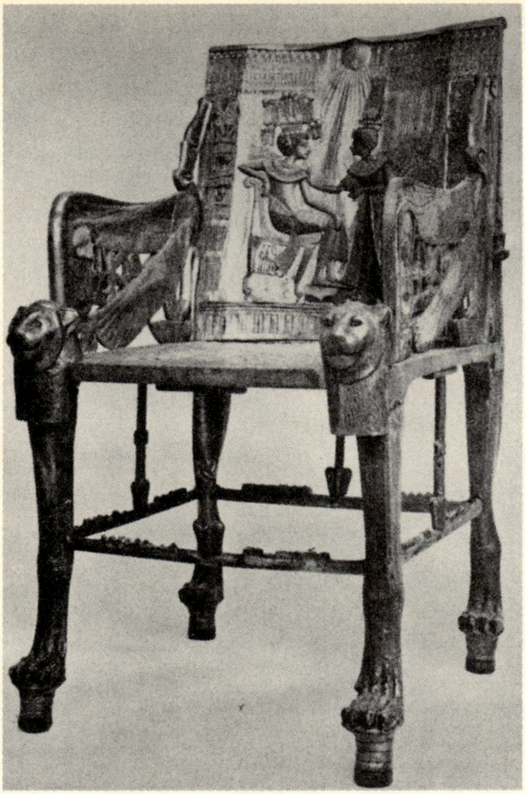

9 Thronsessel des Tutanchamun. Vorlage zu Echnatons lässiger Haltung.

Er lehnte an seinem Stuhl in einer seiner übermäßig gelösten Stellungen, die tendenziös gegen den alten Stil und Amuns Strenge gerichtet waren: den Ellbogen auf die Rücklehne gestützt, die andere Hand in der vom Standbein herausgetriebenen Hüfte, die Fußspitze des Spielbeins aufgestellt, und hing seinen eigenen Worten nach.[51]

Thomas Manns Echnaton ist ein etwas dekadenter Sinnierer, der an die Stelle der sinnlich-polytheistischen Vielfalt einen abstrakt-geistigen Gott setzen will. In der Praxis regiert nicht er, sondern seine welterfahrene Mutter Teje. Er beschäftigt sich lieber mit theoretischen Überlegungen. Er will Amun, den fruchtbaren, rinderreichen Gott der schwarzen Erde schwächen und Atôn, das Licht, an seine Stelle setzen. Daß Träume von Rindern und Ähren Amunsträume sind, ahnt er. »Dem Lichte drohte Gefahr von seiten der Schwärze, dem Geistig-Gewichtlosen drohte solche vom Stofflichen her, das stand über allem Zweifel«[52]. Im Gespräch mit Joseph erkennt er den Sinn seiner Träume: daß sieben fette Jahre kommen werden und sieben magere, und daß es gilt, während der fetten Jahre Vorräte anzulegen für die mageren im allergrößten Stile.
Da Echnaton für das Reich der Schwärze nicht zuständig ist, braucht er einen »Mittler zwischen Oben und Unten«. Joseph fügt selber die antidemokratische Pointe hinzu: »Mehrere sind nicht gut in solchem Falle, *einer* sei's, wie der Mond *einer* ist unter den Sternen«[53]. Deshalb spricht Pharao zu Joseph: »Siehe, ich habe dich über ganz Ägyptenland gesetzt.« (Gen 41,41)
Als Echnatons Oberster Mund regiert Joseph fortan das Land mit Festigkeit. Äußerlich ganz zum Ägypter geworden, heiratet er nun auch. Seine Erwählte ist die jungfräuliche Asnath, und er erzeugt mit ihr Menasse und Ephraim, zwei ägyptische Schönlinge.
In den Hungerjahren kommen aus aller Welt die Delegationen, um in Ägypten Getreide zu kaufen. Eines Tages treffen auch Josephs Brüder ein, aber sie erkennen den zum Ägypter Gewordenen erst, als er sich nach langen und komödiantisch ausgestalteten Prüfungen (Gen 42–44) selber zu erkennen gibt: »Ich bin Joseph, euer Bruder, den ihr nach Ägypten verkauft habt.« (Gen 45,4) Das Wiedersehen nach so vielen Jahren macht der Erzähler zu einer Orgie der glückhaften Erfüllung. Auch Jaakob wird nach Ägypten geholt, begegnet Echnaton und siedelt sich mit seiner ganzen Sippe in Unterägypten an. Er segnet, alt und fast blind, Ephraim und Menasse. Wissend, daß man dem Mythos

manchmal nachhelfen muß, und in verschmitzter Erinnerung an den Segensbetrug an seinem Bruder Esau vertauscht er beim Segnen die Hände, so daß nicht der zuerst geborene Menasse, sondern Ephraim den Hauptsegen abbekommt.

Vor seinem Tode segnet Jaakob auch seine zwölf Söhne. Ruben hatte die Erstgeburt verscherzt, als er seines Vaters Nebenfrau Bilha beschlief. Schimeon und Levi kommen nicht in Frage wegen des Blutbads von Sichem. So kommt der vierte zum Zuge, Juda, der Stammvater der Juden; er erhält den Erstgeburtssegen. Joseph nicht; nicht er ist der Heilsträger, nicht über ihn wird die Messias-Linie zu David und zu Jesus laufen. Er hat gelernt und ist bescheiden geworden:

> Denn euer Bruder ist kein Gottesheld und kein Bote geistlichen Heils, sondern er ist nur ein Volkswirt, und daß sich eure Garben neigten vor meiner im Traum, wovon ich euch schwatzte, und sich die Sterne verbeugten, das wollte so übertrieben Großes nicht heißen, sondern nur, daß Vater und Brüder mir Dank wissen würden für leibliche Wohltat.[54]

Juda aber, über den die Heilslinie vererbt werden soll, hatte kein Glück mit seinen Söhnen. Der Geschichte Thamars, einer erstaunlichen Frau in diesem Zusammenhang, hat Thomas Mann das fünfte Hauptstück eingeräumt; es entspricht dem *Genesis*-Kapitel 38. Thamar will sich in die Verheißungslinie einschalten und heiratet deshalb Judas ersten Sohn 'Er, der aber kurz nach der Hochzeit stirbt. »Mit finsteren Brauen stand sie auf, wusch sich rein und verlangte Onan, Juda's Zweiten, zum Manne.«[55] Dieser will, seinem Namen gemäß, das Leben nicht weitergeben und stirbt ebenfalls. Um irgendwie doch noch Samen aus dem Heilsgeschlecht zu erhalten, verkleidet Thamar sich als Hure, verführt ihren Schwiegervater Juda, wird schwanger und stellt ihn bloß, so daß er die Vaterschaft anerkennen muß.

Mit dem Tod Jaakobs, seiner Einbalsamierung und Überführung ins Erbbegräbnis Abrahams im Lande Kanaan »endigt die schöne Geschichte und Gotteserfindung von *Joseph und seinen Brüdern*«.[56]

Die Hauptpersonen und ihre Beziehungen

Abraham, Sara und Hagar

Abram, der später Abraham (»Vater vieler Völker«, Gen 17,5) genannt wird, tut es aus innerer Unruhe dem Monde gleich und wandert[1] von Ur in Chaldäa über viele Stationen ins verheißene Land Kanaan. Die Verheißung (Gen 17,8) zieht der Erzähler freilich stark in Zweifel. Er betrachtet sie kurzerhand als Rechtfertigungsideologie. Es handle sich »um späte und zweckvolle Eintragungen, die der Absicht dienen, politische Machtverhältnisse, die sich auf kriegerischem Wege hergestellt, in frühesten Gottesabsichten rechtlich zu befestigen«[2]. Die Abramsleute bleiben denn auch Fremdlinge in Kanaan und vermeiden, so gut es geht (es geht eher schlecht), die Vermischung mit den kanaanitischen Ureinwohnern.

Abram ist der, der »Gott entdeckte«[3]. Er denkt ihn hervor und schließt mit ihm, da beide einander brauchen, einen Bund. Anders als in der christlich-jüdischen Tradition, in der Abraham unter Berufung auf das Isaaksopfer (Gen 22) vor allem der große Vater des Glaubens ist, stellt Thomas Mann ihn eher als einen Suchenden und als eine sehr problematische Figur dar.

Abrams Familienverhältnisse sieht der Erzähler in einem skeptischen Licht. Abrams Weib ist die glutäugige Sara, die er listig als seine Schwester ausgibt und sowohl dem Pharao (Gen 12,11–20) als auch König Abimelech (Gen 20,2–15) zur Verfügung stellt[4]. Sara ist attraktiv, aber unfruchtbar; er nimmt deshalb zusätzlich ihre ägyptische Magd Hagar zum Weibe und zeugt mit ihr den Ismael. Ismael ist »schön wie der Sonnenuntergang in der Wüste«[5], aber rebellisch. »Er wird ein wilder Mensch sein«, sagt die biblische Verheißung über ihn (Gen 16,12). In hohem Alter empfängt Sara wider alle Erwartung und gebiert den Isaak. Hagar und Ismael werden auf Betreiben Saras und gegen Abrams Willen verstoßen (Gen 21,9–11). Isaak gilt (nach Gen 21, 20f.) als Stammvater der Hirtenvölker, Ismael als der der Wüstenbewohner, der Ismaeliter und entfernt auch der Ägypter. Die Parteilichkeit der christlich-jüdischen Tradition[6] entgeht Thomas Manns kritischem Blick nicht.

Obwohl Abram von seinem Sohn verlangt hat, daß er keine Tochter des Landes heirate, nimmt er selbst »unwählerischerweise«[7], wie der Erzähler glossiert, im hohen Alter noch die Kanaaniterin Ketura zum Weib; auch sie wird zu einem großen Volk (Gen 25,1–4). Mit der Blutreinheit der Semiten (benannt nach Sem, einem der Söhne Noahs) steht es insofern nicht zum besten[8].

Eliezer

Eliezer ist Jaakobs Ältester Knecht, der Joseph im Schreiben und Künden unterweist[9]. Sein typologisches Urbild ist Abrams Ältester Knecht, der für Isaak um Rebekka freite (Gen 24). Eliezer zwei hält sich zwar manchmal für Eliezer eins, aber nüchtern betrachtet liegen zwischen Abraham und Joseph zwanzig Geschlechter[10]. Eliezer ist das ausgeprägteste Beispiel für die nach hinten offene Individualität, von der das Kapitel *Mondgrammatik* spricht.

Isaak (Jizchak)

Jizchak, der sich bisweilen für Abrams Sohn hält, und Rebekka sind die Eltern der Zwillinge Jaakob und Esau.

> Da nun die Zeit kam, da sie gebären sollte, siehe, da waren Zwillinge in ihrem Leibe. Der erste, der herauskam, war rötlich, ganz rauh wie ein Fell; und sie nannten ihn Esau. Danach kam heraus sein Bruder, der hielt mit seiner Hand die Ferse des Esau; und sie hießen ihn Jakob. Sechzig Jahre alt war Isaak, da sie geboren wurden. Und da nun die Knaben groß wurden, ward Esau ein Jäger und streifte auf dem Felde, Jakob aber ein sanfter Mann und blieb in den Hütten. Und Isaak hatte Esau lieb und aß gern von seinem Weidwerk; Rebekka aber hatte Jakob lieb. (Gen 25,24–28)

Rebekka will Jaakob den Erstgeburtssegen verschaffen und nimmt die Organisation in die Hand, als es gilt, dem halbblinden Jizchak den Jaakob anstelle Esaus zum Segen unterzuschieben. Doch bei Thomas Mann weiß Jizchak im Grunde Bescheid. Daß er den Esau mehr liebe, ist lediglich eine Übereinkunft. In Wahrheit weiß er, wem der Segen zukommen muß. Er ist geradezu willentlich blind geworden, um durch den »Betrug« die typologische Reihe richtigstellen zu können. Er kennt die Präfigurationen für das Brüderpaar, weiß,

> *wer beide waren*, in welchen Spuren sie gingen und auf welchen Geschichten sie fußten, der Rote und der Glatte, der Jäger und der Häusliche, – und wie hätte wohl Isaak, der selbst zusammen mit Ismael, dem Wildesel, das Brüderpaar gebildet hatte; der selbst nicht Kain gewesen war, sondern Habel, nicht

10 *Meister Bertram von Minden, Isaak und Esau.*

Cham, sondern Sem, nicht Set, sondern Usir, nicht Ismael, sondern Jizchak, der wahrhafte Sohn: wie hätte er wohl sehenden Auges an der Übereinkunft festzuhalten vermocht, er bevorzuge Esau?[11]

Jaakob (Jakob, genannt Israel)

»Da war mir, als sei meine Hand die Hand Abrahams und läge auf Jizchaks Haupt«, so sinniert Jaakob im Gespräch mit Joseph. »Denn du warst Isaak, mein Spätling und Erstling«, fährt er fort, und berichtet dann, Gen 22 folgend, wie er auf Befehl Gottes sein Kind opfern sollte und mit Holz, Feuer und Messer versehen seinen Sohn band, um ihn zu schlachten. Aber es geht anders aus als im Falle Abrahams. Jaakob sagt zu Joseph:

> Und nahm das Messer und bedeckte mit der Linken dein Augenpaar. Und wie ich das Messer zückte und des Messer Schneide gegen deine Kehle, siehe, da versagte ich vor dem Herrn, und es fiel mir der Arm von der Schulter, und das Messer fiel, und ich stürzte zu Boden hin auf mein Angesicht und biß in die Erde und in das Gras der Erde und schlug sie mit Füßen und Fäusten und schrie: ›Schlachte ihn, schlachte ihn Du, o Herr und Würger, denn er ist mein ein und alles, und ich bin nicht Abraham, und meine Seele versagt vor Dir!‹[12]

Jaakob ist zwar weich, anders als Abraham, und versagt in der Prüfung, die Gott ihm auferlegt, aber er ist auch der Humanere, ihm graut mit Recht vor der Tat, zu der Abraham immerhin bereit gewesen wäre.

In der mythischen Logik des Romans ist Jaakob Gottvater. Was Joseph die Kraft gab, sich von Mut-em-enet loszureißen im letzten, äußersten Augenblick, war das Antlitz des Vaters, Jaakobs, das vor seinem Geiste erschien. Die Vateraugen, »braun und blank, mit Drüsenzartheiten darunter«, blickten in besorgtem Spähen auf Joseph[13]. Der Vater verkörpert das Prinzip der Scham, den Gegensatz zum schamlosen Ägyptenland. Israels Vatergott steht gegen die aus mutterrechtlichen Zeiten herrüh-

11 *Rembrandt, Die Opferung des Isaak.*

renden Gottheiten Ägyptens und Kanaans. Sem und die Semiten stehen gegen Cham und die Chamiten, denn Sem deckte die Blöße seines Vaters Noah, als dieser betrunken mit aufgedeckter Scham im Zelte lag, Cham aber wendete den Blick nicht ab (Gen 9,20–23).[14]

12 Noah mit Sem und Cham, Holzschnitt aus der Schedelschen Weltchronik, Nürnberg 1493.

Rahel und Lea

Rahel und Lea sind Töchter Labans. Laban ist der Mann mit dem schweren Augenlid, der den Blick nicht heben kann, weil er an der Erde klebt. Erdgebunden ist auch sein mythischer Status. Er ist »am Ursprung sitzengeblieben«[15], denn er glaubt noch an die Notwendigkeit des Menschenopfers und hat deshalb sein erstgeborenes Söhnchen lebend in einem Tonkruge unterm Fundament seines Hauses beigesetzt, um damit Segen und Gedeihen auf Haus und Wirtschaft herabzubeschwören.[16] Rahel ist insoweit seine Tochter, als sie den Aberglauben nicht ganz abgelegt hat, an fruchtbringende Erdmännchen glaubt[17] und Labans Hausgötzlein stiehlt für alle Fälle[18].

Jaakob schwärmt für Rahel mit Bildern aus dem biblischen *Hohenlied*[19]. Thomas Mann hat Rahel (wie früher bereits der Imma Spoelmann in *Königliche Hoheit*) Züge seiner Ehefrau Katia gegeben[20]: das knabenhaft Schmale und rührend Feine, das Tapfere und Lebensbereite, das liebliche Gesicht[21]. Auch für die Schilderung der schweren Geburt Josephs standen mit der Geburt der Tochter Erika (1905) autobiographische Erfahrungen zur Verfügung.[22]

13 Katia Mann.

Rahel ist die Geliebte und Erwählte, aber sie ist die zweite; die rechtlich erste Frau Jaakobs ist ihre ältere Schwester Lea. Rahel ist die liebliche, Lea die leibliche. Rahel hat es schwer mit Empfängnis und Gebären, Lea ist außerordentlich fruchtbar. Rahels Lieblichkeit beruht auf ihren Augen, während Lea entzündete Augen hat und gelegentlich schielt[23]. »Hundsköpfig«[24] wird sie in Anspielung auf ihre Häßlichkeit und zugleich auf die sexuellen Konnotationen des hundsköpfigen Gottes Anup genannt. Rahel ist die Frau der Liebe, Lea die der Pflicht, die, dem Herkommen gemäß, für reichliche Nachkommenschaft sorgt. Es handelte sich um eine »Doppelhochzeit«[25], nicht einfach um einen Betrug. Man darf Lea nicht abwerten. Jaakob hat sich freizumachen aus der verwöhnten und selbstgefälligen Bevorzugung der über alles Geliebten und sich zu öffnen für die Pflicht. Als er am Ende seines Lebens verlangt, nicht am Wege, wo Rahel starb, sondern im Erbbegräbnis neben Lea bestattet zu werden, hat er seine Lektion gelernt.

Joseph

Zwölf Söhne zeugt Jaakob, sechs mit Lea, zwei mit Bilha, zwei mit Silpa und endlich, mit Rahel, als elften Joseph und als zwölften Benjamin, dessen Geburt der lieblichen Mutter den Tod bringt. Die Lea-Söhne und die der Mägde sind grober Durchschnitt, Volk eben. Etwas Feineres ist nur Joseph, der Sohn der Lieblichen. Er ist ein Anmutiger und Gewitzter, ein Götterliebling, zum »Sichvergaffen« schön, ein Künstler und Träumer, aber auch »ein unausstehlicher Bengel«[26] vom Standpunkt der Brüder aus, ein hochmütiger und eitler Fratz. Es ist bekannt, wie er eines Tages den Brüdern, die hart auf dem Felde gearbeitet haben, jenen unverschämten Traum erzählt, in dem die Garben der Brüder sich vor der seinen, um die sie im Kreis geschart sind, verneigen, und wie sie ihn dann in den Brunnen werfen, den Feinen, zu Unrat und Ungeziefer der feuchten Tiefe, und ihn schließlich nach Ägypten verkaufen. Joseph und die Brüder: das ist der Gegensatz von Träumer und Täter, von Gewitztheit und Naivität, von Androgynie und roher Männlichkeit, von Geist und Plumpheit, von Schönheit und Gewöhnlichkeit, von Kunst und Leben.

Die autobiographische Grundierung der Figur verrät Thomas Mann im Tagebuch vom 6. Mai 1934:

14 Tagebuch 6. Mai 1934.

[...] vertiefte mich in Aufzeichnungen, die ich damals über meine Beziehungen zu P. E. in Zusammenhang mit der Roman-Idee der »Geliebten« gemacht. Die Leidenschaft und das melancholisch psychologisierende Gefühl jener verklungenen

Zeit sprach mich vertraut und lebenstraurig an. Dreißig Jahre und mehr sind darüber vergangen. Nun ja, ich habe gelebt und geliebt, ich habe auf meine Art »das Menschliche ausgebadet«. Ich bin, auch damals schon, aber 20 Jahre später in höherem Maße, sogar glücklich gewesen und durfte wirklich in die Arme schließen, was ich ersehnte. – Ich hatte mich nach den Leidenschaftsnotizen jener Zeit im Stillen schon umgesehen in Hinsicht auf die Passion der Mut-em-enet, für deren ratlose Heimgesuchtheit ich zum Teil werde darauf zurückgreifen können.

Das K. H. [Klaus Heuser]-Erlebnis war reifer, überlegener, glücklicher. Aber ein Überwältigtsein wie es aus bestimmten Lauten der Aufzeichnungen aus der P. E.-Zeit spricht, dieses »Ich liebe dich – mein Gott, – ich liebe dich!«, – einen Rausch, wie er angedeutet ist in dem Gedicht-Fragment: »O horch, Musik! An meinem Ohr weht wonnevoll ein Schauer hin von Klang –« hat es doch nur einmal – wie es sich wohl gehört – in meinem Leben gegeben.

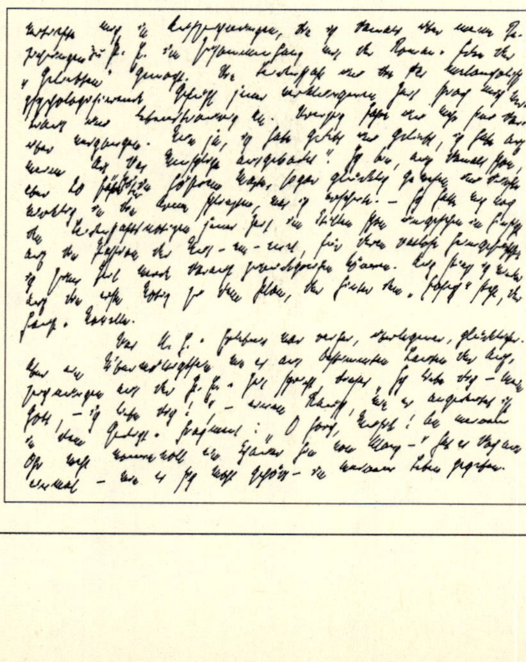

»P. E.« ist Paul Ehrenberg, ein junger Maler, mit dem den 25jährigen Thomas Mann am Jahrhundertanfang eine homoerotisch getönte Beziehung verband. So betrachtet ist Joseph Paul Ehrenberg.

15 Paul Ehrenberg.

Mut-em-enet ist dann Thomas Mann in der Rolle des Begehrenden, den eine nicht zugelassene Leidenschaft zerstört. An einigen Stellen gesteht der Roman die Beziehung zu Paul Ehrenberg unauffällig ein. Das Gedicht-Fragment »O horch, Musik! An meinem Ohr weht wonnevoll ein Schauer hin von Klang«, das im Tagebuch zitiert wird, wird anachronistischerweise auch von Mut-em-enet benützt.[27] Als der Erzähler Muts Schicksal zusammenfassend bedenkt, übernimmt er auch die Zeile »Immerhin, sie hatte gelebt und geliebt« aus dem eigenen Tagebuch[28].

Josephs Jugendschönheit, die »zwischen dem Männlichen und Weiblichen eine schwebende Mitte hält«[29], ist nicht direkt nach dem Vorbild Paul Ehrenberg gestaltet, sondern wohl teils anderweitig angeregt[30], teils phantasieerzeugt als Sehnsuchtsbild des Mannschen Begehrens, das sich fürs lebensgeschichtlich Versagte erfinderisch entschädigt. Erst für den ägyptischen Joseph gibt es eine eindeutige Vorlage:

16 *Cha-em-het, Vorsteher der Scheunen unter König Amenophis III.*

> Man muß ihn sich in der weißen Linnentracht eines Ägypters gehobeneren Standes denken, bei der die Unterkleidung durch die obere schimmerte und deren weite und kurze Ärmel die an den Handgelenken mit Emailleringen geschmückten Unterarme frei ließen; den Kopf bedeckt bei strengeren Gelegenheiten – denn bei bequemeren zeigte er sein eigenes glattes Haar – mit einer leichten Kunstperücke, welche die Mitte haltend zwischen Kopftuch und Haartour, aus bester Schafwolle, dem oberen Kopf in sehr feinen und gleichlaufend dichten Strähnen, ähnlich gerippter Seide, anlag und so auch in den Nacken reichte, aber von einer bestimmten, schräg laufenden Linie an die Faktur wechselte und in kleinen und ebenmäßigen, wie Dachziegel sich ineinanderschiebenden Löckchen auf die Schultern hinabfiel; um den Hals noch außer dem bunten Kragen eine aus Rohr und Gold gefertigte Flachkette, an der ein schützender Skarabäus hing; die Miene ein wenig ins hieratisch Bildmäßige verfremdet durch Künstlichkeiten, die er anpassungswillig in seine Morgentoilette aufgenommen hatte, eine ebenmäßig nachziehende Verstärkung der Brauen, eine lineare Verlängerung der oberen Augenlider gegen die Schläfen hin: so ging er, wohl einen langen Stab vor sich hinsetzend, als des Vorstehers oberster Mund durch die Wirtschaft, so fuhr er zu Markte, so stand er bei Tafel, den Dienern winkend, hinter Petepré's Stuhl [...].[31]

Außerdem ist die Joseph-Gestalt auf vielfältige Weise in mythologische Bezüge eingewebt. Joseph wird von den Ägyptern »Adôn« [32] genannt, denn er ist der schöne griechische Jüngling Adonis, auf den das Kapitel *Adonishain* anspielt. Er ist der babylonische Tammuz, der Zerrissene und Geopferte, »der Usiri des Ostens«[33], der wie Christus den Tod besiegt, und Dionysos Zagreus, der als Knabe von den Titanen zerstückelt wurde.[34] Er ist Gilgamesch, der von der bärtigen Muttergöttin Ischtar bestürmt wird, wie Joseph von Mut.[35] Er ist – als Osarsiph – der ägyptische Osiris, der »Dulder und Zerstückelte«, der »Zerrissene« und das »Opfer«[36], der Wiedergeheilte, der mit Isis den Horus zeugt. (Im Zeugen folgt ihm Joseph allerdings nicht.) Thomas Mann hatte »Osarsiph«, den Todesnamen seines Helden, bei Alfred Jeremias gefunden.[37]

17 *Ödipus und die Sphinx.*

Joseph ist Ödipus vor der Sphinx, und Joseph ist Christus, der von der Jungfrau Maria Geborene. Seine Mutter Rahel, die Liebliche, nennt er deshalb jungfräulich im Gespräch mit Potiphar.[38] Rahel ist zugleich Isis, die den Horus an der Brust trägt. Schon Jaakob sah in ihr »eine himmlische Jungfrau und Muttergöttin«,

18 Isis und Horus.
Vgl. dazu ›Die Einheit des Menschengeistes‹, wo Thomas Mann bemerkt:

»Die Gestalt der Isis, die das Kind Horus stillt, ist der der Madonna mit dem Kinde so ähnlich, daß ihr von unwissenden Christen oft Verehrung dargebracht wurde.«[39]

eine Isis »mit dem Kind an der Brust – in dem Kinde aber einen Wunderknaben und Gesalbten«[40].

Joseph ist das Gotteslamm und der am Kreuze Zerrissene, der Niedergefahrene und Wiederauferstandene. »Joseph ist auferstanden«[41] lautet die Botschaft der Brüder an den Vater Jaakob, als sie Joseph in Ägypten wiedergefunden haben.

Die Brüder

Die zwölf Söhne Jaakobs sind die Stammväter der zwölf Stämme Israels. Der elfte und zwölfte sind Joseph und Benjamin, die Rahelsöhne. Die ersten zehn heißen Ruben, Schimeon, Levi, Dan, Juda, Naphtali, Gad, Ascher, Issakhar und Sebulun. Von ihnen heißt es, daß sie geradezu eine Ehre darin sahen, von Wort und Weisheit nicht das geringste zu verstehen[42]. Sie sind keine Intellektuellen und vertreten die Natur, den Körper und das Leben, wie Joseph den Geist.

Der gutmütige Ruben, Leas erster Sohn, verscherzt die Erstgeburt, weil er sich an Jaakobs Nebenfrau Bilha vergreift[43]. Er liebt Joseph, erschrickt über seinen Hochmut[44] und will ihn aus dem Brunnen retten.

Schimeon und Levi, Leas zweiter und dritter, sind die Hauptverantwortlichen für das Blutbad von Sichem. Sie stoßen einander heimlich in die Seiten, wenn der Vater von seinem Ehrennamen Israel (Kämpfer Gottes) Gebrauch macht.[45]

Auf Dan, den Sohn der Nebenfrau Bilha, folgt der Leasproß Juda, der Träger der Verheißung. Er leidet unter der Geißel Ischtars, will heißen, er wird von seiner Geschlechtlichkeit geplagt[46] – die Voraussetzung dafür, daß seine Schwiegertochter Thamar ihn später, als Hure verkleidet, verführen kann.[47]

Auf Juda folgen, von Bilha geboren, der zungenfertige Naphtali und, von Silpa geboren, der stämmige Gad und der Vielfraß Ascher.

Nach der Geburt der einzigen Tochter Dina bringt Lea noch Issakhar, den knochigen Esel, und Sebulun, der für Häfen und Schiffe schwärmt, zur Welt.

Die Brüder werden fest mit charakteristischen Leitmotiven versehen. Ruben ist stets der Turm, Naphtali geläufig und Ascher genäschig. Es umhüllt sie deshalb eine Sphäre der Eindimensionalität und unfreien Gebundenheit, im Gegensatz zu Joseph, der über Vieldimensionalität und Spielfreiheit verfügt.

Der midianitische Kaufmann

Die reisenden Kaufleute, die Joseph nach Ägypten bringen, haben kein Zuhause. Fragt man sie nach ihrer Herkunft, geben sie wechselnde Auskünfte. Es ist ihnen egal, ob man sie Midianiter nennt, nach Midian, dem Sohn Abrahams mit der Ketura, oder gleich »mit dem alles Wüsten- und Steppenhafte umfassenden Namen von Ismaelitern belegte, also nicht die Ketura, sondern die andere Wüstenfrau, Hagar, die Ägypterin, als ihre Stammutter annahm«[48]. Die Brüder wollen Joseph in die Wüste verstoßen, wie es einst mit Ismael geschehen war, deshalb kommen ihnen ismaelitische Kaufleute gerade recht.[49]
Als Kaufleute gehören sie außerdem zum Hermes-Bereich, sofern Hermes der Gott des Handels und Verkehrs ist, aber auch, sofern er die Toten in die Unterwelt geleitet, denn Ägpyten ist für Joseph ja das Land des Todes.
Der alte Midianiter hat es »zwischen Daumen und Zeiger«, ob eine Ware etwas taugt. Er erkennt sogleich, daß der junge Joseph fein ist »nach Faser und Maser«[50]. Über das Leitmotiv »nach Faser und Maser« stiftet Mann eine Verwandtschaft zwischen dem sympathischen alten Kaufmann und seinem langjährigen Verleger Samuel Fischer, als er 1934 schreibt, S. Fischer habe »Tastsinn für Güte und Wert einer Sache nach Faser und Maser« gehabt.[51]

Mont-kaw

Mont-kaw ist Potiphars Hausverwalter. Auf ihm lastet die ganze Sorge für das große Hauswesen, denn Potiphar nimmt sich keines Dinges an. Er hat zwar den Titel eines Vorstehers der Palasttruppen, hat aber mit keinem wirklichen Soldaten je etwas zu schaffen. Sein Leben ist nur ein symbolisches, eine ewige Simulation; Mont-kaw aber hat die Plackerei des Alltags. Er ist infolgedessen »nicht recht gesund – zwar stark und haarig von Körper, aber von innen her etwas wurmig«[52]. Er hat es an der Niere und schläft schlecht. Joseph tröstet ihn wie einst den Kaufmann mit lindernden Gute-Nacht-Sprüchen:

> Wahrlich, die Einrichtungen Gottes sind dankenswert! Denn es bilde der Mensch sich nur ein, es gäbe die Nacht nicht, und die glühende Straße der Mühsal erstreckte sich vor ihm ungeteilt, in greller Einförmigkeit unabsehbar dahin. Wär's nicht zum Entsetzen und zum Verzagen? Aber Gott hat die Tage gemacht und einem jeden sein Ziel gesetzt, das wir mit Sicherheit erreichen zu seiner Stunde: der Hain der Nacht ist es, der uns lädt zu heiliger Rast, und mit gebreiteten Armen, rückwärts sinkenden Hauptes, mit offenen Lippen und selig brechenden Augen gehen wir in seinen köstlichen Schatten ein.[53]

Mit den Gute-Nacht-Sprüchen wird das Sterben Mont-kaws motivlich vorbereitet. Da Joseph seine Stelle einnehmen soll nach dem Verlauf der biblischen Geschichte, muß er »aus dem Wege geräumt« werden. Thomas Mann macht ihn zum »Opfer der Pläne Gottes«, und es heißt, daß Joseph sehr erschrak, als er Gottes Absichten erkannte[54].

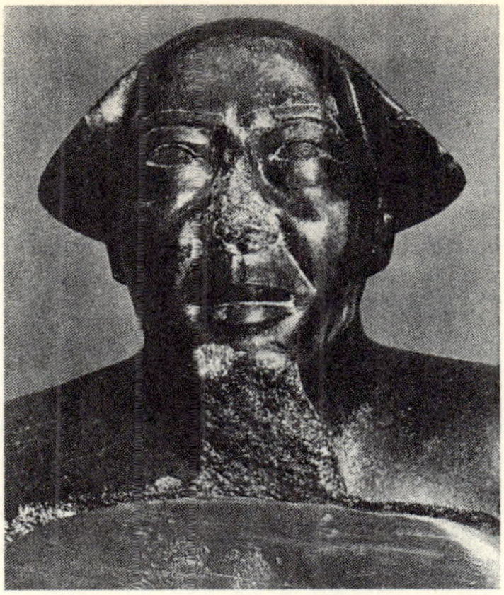

19 Mentemhet, die Vorlage für Mont-kaw.

Der Vorsteher war ein kräftig untersetzter Mann von fünfzig, mit ausdrucksvollem Haupt und dem entschiedenen Gebaren, das seine Stellung mit sich brachte, gemildert durch Wohlwollen. Sehr stark ausgebildete Tränensäcke waren unter seinen Augen und bedrängten sie von unten, so daß sie verschwollen und klein, fast als Schlitzaugen erschienen, von starken und noch ganz schwarzen Brauen überspannt. Tiefe Furchen gingen von seiner wohlgeformten, wenn auch breitgelagerten Nase zum Munde hinab, zu seiten der gewölbten und, wie die Wangen, glänzend rasierten Oberlippe, die sie stark aus dem Antlitz hervorhoben. Am Kinn saß ein grau gesprenkelter Knebelbart. Das Haar war schon weit von der Stirn und über den Schädel zurückgewichen, aber am Hinterhaupt von dichter Masse und stand ihm fächerförmig hinter den Ohren, die Goldringe trugen. Etwas erbschlau Bäuerliches und wieder humoristisch Schiffsmannsmäßiges war in Mont-kaws Physiognomie, deren dunkel rotbraune Tönung kräftig gegen das Blütenweiß seiner Kleidung abstach [...][55]

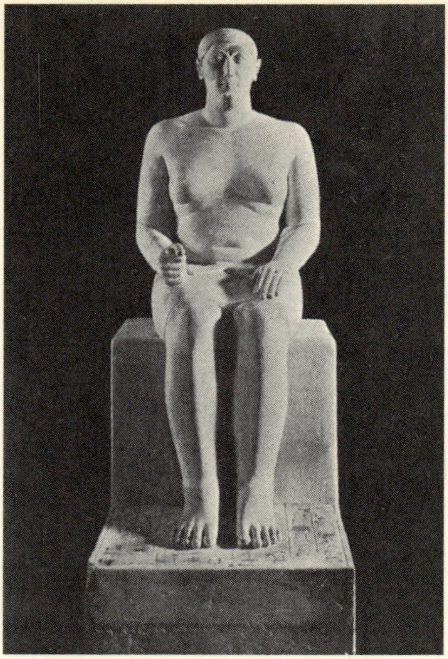

20 Prinz Hemon (Potiphar).

Der Würdenträger war vielleicht vierzig Jahre alt, oder fünfunddreißig, und wirklich von Turmesgröße – Joseph mußte an Ruben denken angesichts der Säulenbeine [...]; doch war diese Leibesmassigkeit ganz anderer Art als die des heldischen Bruders: sehr fett nämlich überall, besonders aber in der Gegend der Brust, die doppelhügelig unter dem zarten Batiste des Obergewandes vorsprang und beim unnötig unternehmenden Absprung vom Wagen nicht wenig geschwappt hatte. Ganz klein war der Kopf, im Verhältnis zu dieser Höhe und Fülle, und edel gebildet, mit kurzem Haar, kurzer, fein gebogener Nase, zierlichem Munde, einem angenehm vorspringenden Kinn und lang bewimperten, stolz verschleiert blickenden Augen.[56]

Potiphar (Petepré), Huij und Tuij

Auch Potiphar oder Petepré, wie er bei Thomas Mann heißt, lernt schnell die Gaben seines neuen Dieners schätzen. Joseph versieht den Leib- und Lesedienst bei Potiphar. Er will seinem Herrn wohltun, denn er liebt und achtet ihn, obwohl des Wedelträgers Scheinexistenz seine Ehre empfindlich macht und ihn anfällig macht für Roheit und Verachtung.
Nicht nur mit der Würde seines Amtes steht es nicht zum besten. Auch mit seiner imposanten Leibesfülle – die beim Absprung von Wagen »nicht wenig geschwappt hatte«[57] – hat es eine diskrete Bewandtnis: Er ist ein Verschnittener, als Kind schon kastriert von seinen Eltern, den Zwillingsgeschwistern Huij und Tuij, die ihn damit aus dem mutterrechtlichen Dunkel archaischer Sinnlichkeit hinaufläutern wollten zur neuen Zeit vaterrechtlicher Aufklärung. Er hatte deshalb, so steht geschrieben, keine Ehre. »Sie ging ihm ab im Fleische, er verstand sich nach seiner Verfassung nicht auf dies Gockelgut«[58]. Im Verhältnis zu Joseph ist er »eine Null«, denn »groß war der Unterschied zwischen der Vollkommenheit des Zwiegeschlechtlichen und der Abwesenheit des Geschlechtes im Höflingstum. Die Mannweiblichkeit, die beide Geschlechtsmächte in sich vereinigte, [...] verhielt sich nach Josephs Rechnung zum Höflingstum wie zwei zu null.«[59]
Das Androgyne ist einerseits vollkommen als entwickelte Wiedervereinigung des Männlichen und des Weiblichen. Andererseits war es vor der Trennung der Geschlechter die Ausdrucksform des mutterrechtlichen Ur-Sumpfs. Sein körperliches Zeichen ist die Zunge. Der alte Huij erklärt seiner Eheschwester:

[...] die Zunge, wie du wohl weißt, im schlüpfrigen Dunkel der Höhle hat Zwienatur und steht für beide Geschlechter, wie der Sumpf und der brodelnde Schlamm, der sich selber umarmt, ehe daß in der höheren Ordnung der Mann die Männin besucht.[60]

Mut-em-enet[61]

Peteprê ist verheiratet mit Mut-em-enet, der keuschen Mondnonne mit dem Schlängelmunde, die sich allmählich dreingefügt hat in ein Scheinleben, in dem die ihr verwehrte Sinnlichkeit ersetzt wird durch ein in jeder Hinsicht gepflegtes, aber leeres Dasein.

21 Eine Dame Ägyptens, eine der Bildvorlagen für Mut-em-enet.

> Man weiß es aus allen Zivilisationen, wie sehr die Anforderungen des Gesellschaftslebens [...] die Lebenskräfte vornehmer Frauen mit Beschlag belegen, so daß es überm Um und An der Form zum Eigentlichen, dem Leben der Seele und Sinne, wohl niemals kommen mag und eine kühle Leere des Herzens, entbehrungslos, so weit das Bewußtsein reicht, zur nicht einmal traurig zu nennenden Daseinsgewohnheit wird.[62]

Doch das Leben fegt den treuen Kunstbau lachend beiseite[63], die Leidenschaft bricht ein, die Verfallenheit an den schönen hebräischen Sklaven Joseph zerstört sie, erniedrigt sie, bis sie, die Unberührte, zu Hexen Zuflucht nimmt, bis sie bettelt: Schlafe mit mir.

Daß sie eine Metze gewesen sein soll, bestreitet der Erzähler des Josephromans entschieden. Ehe das berühmte Wort »Schlafe bei mir« (Gen 39,7) über ihre Lippen kam, das Wort, das Thomas Mann im Manuskript in Hieroglyphen zu schreiben sich bemüht hat,

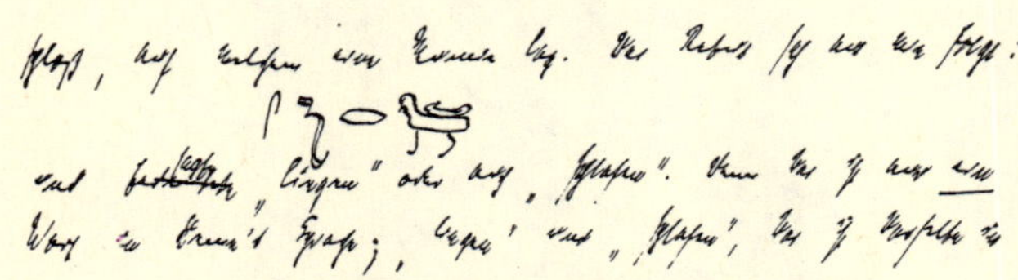

22 Aus dem Romanmanuskript, Blatt 1520.

[...] und besagte ›liegen‹ oder auch ›schlafen‹. Denn das war nur ein Wort in Keme's Sprache; ›liegen‹ und ›schlafen‹, das ist dasselbe in seiner Schrift; und die ganze Zeile des Schmalzettels, unterfertigt mit dem Bildzeichen eines Geiers, was ›Mut‹ bedeutete, lautete klar und unumwunden: »Komm, daß wir uns eine Stunde des Schlafens machen.«[64]

ehe es zu der bekannten Szene mit dem Obergewand kommt, die Joseph den Ruhm der Keuschheit einbrachte – ehe all dies geschah, hatte sie jahrelang der Leidenschaft widerstanden. »Als sie das Wort schließlich mit zerbissener Zunge flüsterte, kannte sie sich selbst nicht mehr; sie war weit außer sich, aufgelöst von Leiden, ein Opfer der geißelschwingenden Rachlust unterer Mächte«[65].

So wenig wie für Joseph gibt es für Mut eine einzige einheitliche Bildquelle. Aber wie zu Joseph gehört auch zu ihr eine international gemixte Mythologie. Sie ist Eva, die Joseph-Adam den Apfel reicht[66], Kundry[67] und Schneewittchen, die Schönste im Lande hinter den sieben Bergen[68]. Sie ist Leda, »die Liebesgans in Jungfrauengestalt, in deren Schoß mit schlagend gespreizten Schwingen ein Prachtexemplar von Schwan sich schmiegte«[69].

23 Zeitungsausschnitt aus den Arbeitsmaterialien zum Joseph-Roman.

Sie ist die ägyptische Isis, und sie weiß es: »Isis bin ich, die große Mutter, und trage die Geierhaube!«[70] Sie ist die babylonische Ischtar, die gefährliche Muttergöttin, deren Liebe tödlich ist, und deren Porträt schon Rahels Brautschleier geziert hatte. Vor allem aber ist sie die Sphinx, »ein Rätsel und ein Geheimnis – und zwar ein wildes, mit Löwenpranken, lüstern nach jungem Blut« – dem Josephs –, »wie es da grausam offenäugig mit zeitzerfressener Nase, gelagert in wüster Unwandelbarkeit zu seinem Strome hinüberblickte«[71].

24 Sphinx bei Gizeh.

Am Rande der Libyschen Wüste, nahe bei Memphis, lagerte, aus dem Felsen gehauen, der dreiundfünfzig Meter hohe Koloß-Zwitter aus Löwe und Jungfrau, mit Weibesbrüsten, Manneskinnbart und der sich bäumenden Königsschlange am Kopftuch, vor sich hingestreckt die riesigen Pranken seines Katzenleibes, die Nase kurz abgestumpft vom Zeitenfraße.«[72]

Joseph träumt von der Sphinx, »daß sie zu ihm sagte: ›Ich liebe dich.‹« Die Sphinx ist androgyn. Er weiß nicht, welchen Wesens sie ist – Mann oder Weib? »Falls es aufstand, würde es dann majestätisch baumelnde Hoden haben wie Merwer zu On – oder sich von weiblicher Bildung erweisen, als Löwenjungfrau?«[73]
In einem Brief kommentiert Thomas Mann die Beziehungen seiner Sphinx-Darstellung:

THOMAS MANN

1550 SAN REMO DRIVE
PACIFIC PALISADES, CALIFORNIA

12. Februar 1949

Herrn Dr. Wolfgang Schneditz
Wolfsgartenweg 25
Salzburg - Parsch
Austria

Sehr geehrter Herr Dr. Schneditz!

Ihre wissenschaftlichen Einwaende gegen meine Sphinx-Darstellung im "Joseph" sind vollkommen berechtigt. Aber der Roman nimmt es ja wissenschaftlich nicht so ganz genau, und ich habe das lagernde Untier tatsaechlich aus dem Aegyptischen ins Griechische hinuebergespielt, weil mir daran lag, den jungen Joseph als raetselratenden Oedipus vor ihr stehen zu lassen. Darum habe ich den Koenig Chephren verdraengt und das Koenigsbild ins Weibliche versetzt, - uebrigens nicht mit Entschiedenheit, denn die Frage des Geschlechtes bleibt fuer Joseph ja gerade unheimlich offen.

Bei der gestumpften Nase habe ich mich auch nicht um die Geschichte gekuemmert, sondern es war mir um die Idee der Zeit, in diesem Falle der zukunftslosen Dauer, zu tun, und ich liess die Nase, statt von Mameluken abgeschossen zu sein, als Symbol fuer diese fruchtlose Zeitbelastung der Figur gelten. Wenn Sie ueber das Bild Aegyptens in der Joseph-Dichtung schreiben, so tadeln Sie diese Freiheiten nur kraeftig. Der Anachronismen gibt es ja mehr in dem Werk, und ich habe selbst darauf hingewiesen, dass etwa in dem Gespraech zwischen Joseph und dem jungen Pharao die Mythologieen der Welt ziemlich bunt durcheinander gehen.

Mit vielem Dank fuer Ihre Anteilnahme

Ihr ergebener

Thomas Mann

Thomas Mann.

25 An Wolfgang Schneditz.

Asnath

Die Gegenfigur zu Mut-em-enet ist Asnath, Josephs Ehefrau. Sie wehrt sich und ziert sich. Anträge wie »Schlafe bei mir« sind von ihr nicht überliefert. Statt dessen heißt es, daß sie eine hartnäckige Jungfrau gewesen sei und daß es »ein schwieriges Zerreißungswerk« war in jener Hochzeitsnacht, als der keusche Joseph das Mädchen umfing.[74]

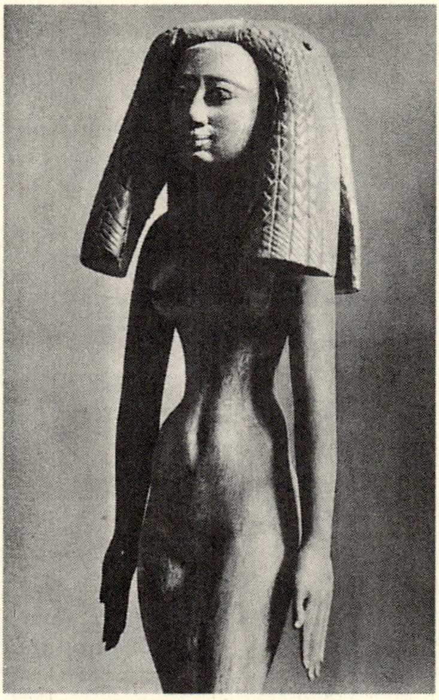

26 Imeret-Nebes (Asnath).

Ihr Gesicht war von typisch-ägyptischer Bildung, feinknochig, mit etwas vorgebautem Unterkiefer, entbehrte aber nicht eines persönlichen Gepräges. Noch waren die Wangen kindlich voll, voll auch die Lippen mit einer weichen Vertiefung darunter zwischen Mund und Kinn, die Stirne rein, das Näschen allenfalls etwas zu fleischig, der Blick der großen, schön ummalten Augen von einem eigentümlich starren, lauschenden Ausdruck [...] Lieblich und gewissermaßen einmalig war auch ihr Körperbau, der durch die gesponnene Luft ihrer Kleidung schien, ausgezeichnet durch eine von Natur ausnehmend schmal und wespenartig eingezogene Taillengegend mit entsprechend ausladendem Becken und langer Bauchpartie darunter, einem gebärtüchtigen Schoß. Ein starrender Busen und Arme von schlankem Ebenmaß mit großen Händen, die sie gern völlig ausgestreckt trug, vollendeten das bernsteinfarbene Bild dieser Jungfräulichkeit.[75]

Beknechons

Joseph steht auf der Seite der Vernunft und des Fortschritts. Zu seinen Gegenspielern zählt der Amunspriester Beknechons, ein finsterer »Altertumsbold«, wie der lichte Potiphar spottet[76], ein Parteigänger urfrommer Volksordnung und Sittenstrenge, ein geistfeindlicher Glaubenspolitiker, der mit der Waffe des Schreckens fuchtelt, ein Ausländerfeind und Reaktionär, der um der Ehre und des Reiches willen den hebräischen Sklaven Osarsiph zu demütigen rät.

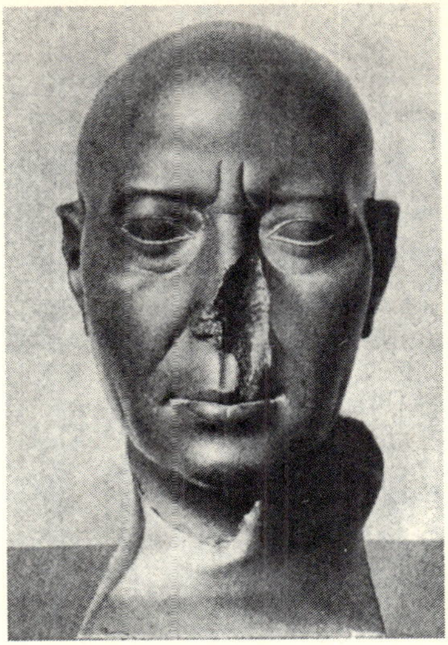

27 Kopf eines Priesters.

Beknechons war hochgewachsen und trug sich außerdem noch sehr stolz und strack aus den Rippen emporgereckt, die Schultern zurückgenommen, das Kinn erhoben. Sein eiförmiger Kopf mit dem niemals bedeckten, glattrasierten Schädel war bedeutend und nach seinem Ausdruck gänzlich bestimmt durch ein tief und scharf eingeschnittenes Zeichen zwischen seinen Augen, das immer da war und an Strenge nichts einbüßte, wenn der Mann lächelte, was herablassenderweise und zum Lohn besonderer Unterwürfigkeit immerhin vorkam. Des Oberpriesters sorgfältig vom Bart gereinigtes, gemeißelt ebenmäßiges und unbewegtes Gesicht mit den hochsitzenden Wangenknochen und den wie das Augenzeichen sehr stark eingeschriebenen Furchen um Nüstern und Mund hatte eine Art, über Menschen und Dinge hinwegzublicken, die mehr als hochmütig war [...][77]

Mai-Sachme

Dem Gefängnis, in das Joseph auf Potiphars Weisung gelegt wird, steht der Hauptmann Mai-Sachme vor, ein ruhiger und verständiger Mann. Er ist heilkundig und schreibt, denn »Heilkunde und Schreibtum borgen mit Vorteil ihr Licht voneinander«[78]. Als Vorbild diente der schriftstellernde Arzt Martin Gumpert, ein aus Deutschland emigrierter jüdischer Dermatologe, den die Familie Mann 1937 in New York kennengelernt hatte und als Hausfreund und Berater schätzte. Mit Thomas Manns Tochter Erika entspann sich eine langjährige Liebesgeschichte; Erika konnte sich freilich nicht entschließen, ihn zu heiraten.[79]

Mai-Sachme ist derjenige, zu dessen Traum das Leben nicht kommt. Als Schüler verliebte er sich in Nechbet, ein ägyptisches Mädchen hohen Standes, und mußte entsagen. Zwanzig Jahre später trifft ihn wieder Amors Pfeil, und siehe, Nofrurê, die Erwählte, ist Nechbets Tochter. Wieder kann er sie nicht bekommen und wartet nun, ob sein Herz nach wieder zwanzig Jahren auch Nechbets Enkelin zufallen wird, »wie schon der Mutter und Großmutter und wird immer und ewiglich dieselbe Liebe sein.«[80]

Der Gefängnisvorsteher wird später Hausverwalter bei Joseph, als dieser Herr über Ägyptenland geworden ist. Als Schriftsteller wird Mai-Sachme mit liebevoller Ironie behandelt. Denn die Geschichte von den drei Liebschaften, die er wenigstens schreiben will, wenn er sie schon nicht leben durfte, wird nie fertig. Joseph, dem es inzwischen gelungen ist, vom Träumer zum Handelnden zu werden, mißgönnt Mai-Sachme zwar sein Schreiben nicht, aber vermerkt doch mit leiser Distanz:

28 Martin Gumpert.

[...] ein Mann von etwa vierzig Jahren [...] mit brauner Perücke, runden braunen Augen unter sehr dichten schwarzen Brauen, kleinem Munde und einem bräunlich geröteten Gesicht, das vom nachwachsenden Barte geschwärzt war, wie seine Unterarme von Haaren. Es war von eigentümlich ruhigem, ja schläfrigem, dabei jedoch klugem Ausdruck, dies Gesicht [...][81]

Groß ist das Schrifttum! Aber größer noch ist es freilich, wenn das Leben selbst, das man lebt, eine Geschichte ist [...][82]

29 Echnaton.

Bei der Beschreibung seines Gesichts [...] dürfen die Jahrtausende uns nicht von dem zutreffenden Gleichnis abschrecken, daß es aussah wie das eines jungen, vornehmen Engländers von etwas ausgeblühtem Geschlecht: langgezogen, hochmütig und müde, mit nach unten ausgebildetem, also keineswegs mangelndem und dennoch schwachem Kinn, einer Nase, deren schmaler, etwas eingedrückter Sattel die breiten, witternden Nüstern desto auffallender machte, und tief träumerisch verhängten Augen, von denen er die Lider nie ganz aufzuheben vermochte, und deren Mattigkeit in bestürzendem Gegensatz stand zu der nicht etwa aufgeschminkten, sondern von Natur krankhaft blühenden Röte der sehr vollen Lippen.[83]

Echnaton, Teje, Nofretete

Echnaton selbst regiert nicht. Er ist der Mann des Geistes, nicht der Tat. Er sinnt Gottesgedanken – bläßliche, abstrakte, monotheistische, gegen die pralle Sinnenhaftigkeit der Vielgötterei –, während die praktische Politik in den Händen Tejes, seiner Mutter, liegt.

30 Teje.

[...] das fein gebogene Näschen, die aufgeworfenen, von Furchen bitterer Weltkunde eingefaßten Lippen, die gewölbten, mit dem Pinsel nachgezogenen Brauen über den kleinen, schwarzglänzenden, mit kühler Aufmerksamkeit blickenden Augen [...][84]

Teje, die »Furchen bitterer Weltkunde« um die Lippen, steht für Erfahrung, Bodenständigkeit und Weltklugheit, während Echnaton ein erd- und sinnenferner Intellektueller ist. Daß er ein richtiger Mann sei, wird leise bezweifelt. Sein Hof ist ein »Weiberhof«, in dem er »das anfällige Hähnchen im Korbe machte«.[85] Seine Frau Nofretete ist ein spinnengliedriges, überfeinertes Luxusgeschöpf, und Pharao zeugt sein Leben lang nur Töchter. Thomas Manns Echnaton ist das Urbild des Décadent: kränklich, träumerisch und vergeistigt. Er ist »ein vorzeitiger Christ«[86], wobei die eigentliche Modellfunktion im Sinne der Christusförmigkeit nicht ihm, sondern Joseph zukommt. Er ist wie Settembrini im *Zauberberg* ein Philosoph ohne Praxis. Er haßt den Krieg – aber Thomas Mann läßt ihn, gewitzigt durch das Münchener Abkommen von 1938, durch Joseph belehren, daß er gerüstet sein muß: »der Friede Gottes hat starke Hände«[87]. Denn es hatte sich bereits herumgesprochen in der Staatenwelt,

> daß in Ägyptenland nicht mehr der eiserne Amun-Rê, sondern eine gemütliche Blumen- und Piepvogel-Gottheit den Ton angebe, die um keinen Preis das Schwert des Reiches färben wolle, und der also nicht auf der Nase zu spielen ein Verstoß gegen allen gemeinen Menschensinn gewesen wäre.[88]

Die Götter und ihre Geschichten

Aus den vielfältigen Mythenkreisen, die Thomas Mann miteinander vermischt hat, sind die wichtigsten der jüdische, der christliche, der ägyptische, der babylonisch-kanaanitische und der hellenistische. Die synkretistische Mythenkombinatorik Thomas Manns läßt sich besonders gut studieren an den Kapiteln *Der Rote* und *Der Adonishain*. Während *Der Adonishain* Jaakob/Joseph, Adonis, Tammuz, Gilgamesch, Osiris und Christus auf eine Linie bringt, werden in *Der Rote* Esau, Set/Typhon, Baal/Moloch, Mars/Nergal und der den Kronos entmannende Zeus miteinander in Verbindung gebracht.[1] Esau ist Schlange, Satan und das wilde Schwein, ja er ist gar, mit einem Ausdruck aus dem *Tod in Venedig*, »der fremde Gott«, also Dionysos, der den geordnet Lebenden heimsucht.[2]

Mardug und Tiamat

Mardug ist in der altbabylonischen Sagenwelt der Heilsbringer, der den Chaosdrachen Tiamat besiegt. Er ist insofern ein typologisches Vorbild für Joseph, während Tiamat für die Welt des Bösen und der sexuellen Unordnung steht. Zu Mardug gehört der Mond als Sinnbild für Tod (Neumond) und Auferstehung, zu Tiamat die Sonne, denn mit ihr verbinden sich die Vorstellungen von Wüste und Feuer.

Gilgamesch, Tammuz und Ischtar (Astarte, Astaroth, Nana), Adonis, Persephone / Ereschkigal und Venus / Aphrodite

Tammuz ist der schöne Jünglingsgott, der jedes Frühjahr stirbt wie das Samenkorn, das in die Erde gelegt wird und als fruchtbringende Pflanze wieder aufersteht. Die Fruchtbarkeitsgöttin Ischtar holt ihn zurück aus der Unterwelt[3]. Sie muß dazu sieben Tore durchschreiten und bei jedem ein Kleidungsstück ablegen, bis sie nackt durchs siebte geht. »Es mußte die schwesterliche Mutter-Gattin sich entschleiern und entblößen am siebenten Höllentor und im Tode; da sie aber zurückkehrte ins Licht, verschleierte sie sich wieder, zum Zeichen des Lebens.«[4] Mit dem Bilde der Ischtar ist deshalb der Schleier bestickt, Rahel-Leas Brautgewand und Josephs buntes Kleid.[5] Daß die Brüder das bunte Kleid zerreißen, bedeutet Entschleierung, Nacktheit und Schamverlust.

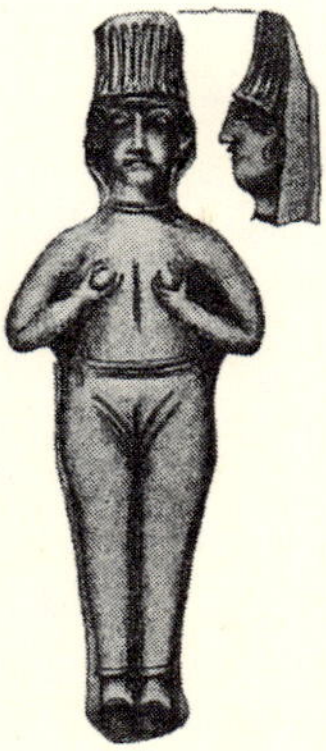

31 Astarte.

[...] das Bild der Aschtarti, eine Frauenfigur in Hosen, mit Krone und Schleier, die ihre winzigen Brüste mit beiden Händen erfaßt hielt [...][6]
Ischtar-Mami's Figur war oft und in verschiedener Ausführung dargestellt, nackt und klein, wie sie mit den Händen Milch aus ihren Brüsten preßt [...][7]

Ischtar ist aber nicht nur die Erretterin des Tammuz, sondern auch die, »die ihre Liebsten vernichtet, daß sie an ihrer Liebe sterben«[8]. Als zwiegeschlechtliche »Ischtar im Barte«[9] gehört sie zu den typologischen Vorbildern für Mut-em-enet. Sie ist verführerisch und gefährlich, bärtig wie ein Mann, »Schwester, Gattin und Mutter«[10] zugleich.

Ihre Gefährlichkeit hat Thomas Mann mit Motiven aus dem Gilgamesch-Epos bekräftigend unterlegt. Als Gilgamesch dem Liebeswerben Ischtars widersteht, bestimmt sie den Göttervater Anu, »den feuerschnaubenden Himmelsstier zu senden« wider Gilgamesch[11]. »Verheert die Flur! Versengt vom Stier! Asche! Asche! Ach, Osarsiph!«[12] lautet deshalb der Klageruf des Hutzelchens Gottlieb nach der Szene, bei der Joseph sein Obergewand verliert.

Den babylonischen Tammuz hat Thomas Mann mit dem griechischen Adonis gekreuzt[13]. Joseph nennt ihn hebraisierend »Adonai« (Herr), um den Anachronismus zu verwischen. Adonis ist so schön, daß die Liebesgöttin Aphrodite (Ischtar) und Persephone (die babylonische Ereschkigal), die Göttin der Unterwelt, über ihn in Streit geraten. Der Urteilsspruch des Göttervaters bestimmt, daß Adonis einen Teil des Jahres allein, einen bei Aphrodite und einen bei Persephone verbringen soll.

Adonis stirbt, von einem wilden Eber zerrissen, fährt in die Unterwelt und wird von dort wieder ins Leben zurückgeholt (vgl. *Der Adonishain*). Die Tammuz-Adonis-Mysterien beschrieb Thomas Mann mit Hilfe des Buches *Die Geheimnisse des Ostens* von Dmitri Mereschkowski (Berlin 1924), wo er sich die folgende Passage angestrichen hatte:

> Wie die Tammuzmysterien endeten, wissen wir nicht, aber wir können uns nach den späteren Adonismysterien eine Vorstellung davon machen.
>
> Als nach siebentägigem Weinen die Stille anbricht, nimmt man das wächserne Bild mit der blutenden Wunde von der Bahre, wäscht es mit Wasser, salbt es mit Öl, bekleidet es mit Purpur und legt es in einen Sarg, um es vielleicht zu bestatten; man

entzündet Lampen, und um Mitternacht ertönt plötzlich in einiger Entfernung von der Beerdigungsstätte ein freudiger Aufschrei: »Tammuz ist auferstanden!« – »Er hat die große Wohnung des Todesschattens umgestürzt!«, wie es in einem Gebet an Marduk-Tammuz heißt. Das heißt: Er hat durch den Tod den Tod besiegt.[14]

32. Botticelli, Die Geburt der Venus (Ausschnitt).

Isis (Eset), Set, Osiris (Usir)

Osiris ist der ägyptische Totengott. Er ist das thronende Auge und der Richter mit der Waage, vor dem die Verstorbenen sich verantworten müssen.[15] Weil er ein Toter ist, wird er mit gewickelten Füßen dargestellt. Er trägt einen Wedel und einen Krummstab. Im Anfang, so erklärt der Hundsköpfige in Jaakobs Traum,

> waren Geb und Nut. Das war der Erde Gott und die Himmelsgöttin. Sie zeugten vier Kinder: Usir, Set, Eset und Nebthot. Eset aber ward des Usir Eheschwester und Nebthot des roten Setech.[16]

33 Osiris als Totenrichter.

Weil Osiris versehentlich in der blinden Nacht Nebthot statt Isis umfängt (und so den Anup zeugt), trachtet der eselsköpfige[17] Set ihm nach dem Leben. Er findet ihn, sargt ihn ein, zerreißt ihn in vierzehn Stücke. Isis sucht die Stücke, setzt sie zusammen und begattet sich, als Geierweibchen über ihm schwebend, mit dem Toten. Aus dieser Verbindung entsteht der Knabe Horus, der seinerseits dann den Set vom Throne stoßen wird. Die Parallele zum Romangeschehen zieht Joseph selbst, sofern sein Gedankenbild für die Beziehung zu Potiphars Weib »die Erweckung des toten Osiris durch das über ihm schwebende Geierweibchen war, das den Horus von ihm empfing«[18]. Mut-em-enet bestätigt: »Isis bin ich, die große Mutter, und trage die Geierhaube!«[19] »Die liebende Isis bin ich, und mein Blick ist Tod. Hüte, hüte dich, Osarsiph!«[20]

34 Isis.

Gottvater, Jesus und die Gottesmutter

Osiris, »der Dulder und Zerstückelte«[21], ist Gott und Mensch zugleich wie Jesus, der Gekreuzigte, Begrabene und Auferstandene. Joseph deutet typologisch auf Jesus, Rahel auf Maria. Joseph ist der von der Jungfrau Geborene, der von den Brüdern für die dreißig Silberlinge des Judas Verkaufte, der in das Grab des Brunnens Geworfene und aus ihm Wiedererstandene. Die Anspielungen sind so zahlreich, daß hier eine für alle stehen soll, nämlich die bei Josephs Geburt geäußerte Ansicht Jaakobs, der sich darauf versteifte,

> in Rahel, der Gebärerin, eine himmlische Jungfrau und Muttergöttin zu sehen, eine Hathor und Eset mit dem Kind an der Brust, – in dem Kinde aber einen Wunderknaben und Gesalbten, mit dessen Auftreten der Anbruch gelächtervoller Segenszeit verbunden war und der da weiden werde in der Kraft Jahu's.[22]

Als Gottvater figuriert im Roman gelegentlich Jaakob. Thamar zum Beispiel kommt es, während Jaakob ihr erzählt, wie Gott die Welt erschuf, so vor, »als müsse Er ganz ähnlich dabei ausgesehen haben wie Jaakob selbst«[23], und das Antlitz des Vaters, das Joseph in der Stunde der Versuchung mahnend vor Augen steht, trägt ebenfalls neben denen Jaakobs »viel gewaltigere Züge«[24], nämlich die des Vatergottes.

35 Erasmus Grasser, Gottvater.

Die antithetische Ordnung der mythischen Welt

Der Roman ist strikt antithetisch organisiert. Es stehen die Guten gegen die Bösen, die Lichten gegen die Roten, die Oberweltlichen gegen die Unterweltlichen. Man kann richtige Tabellen aufstellen:

Gut	Böse
Abel	Kain
Isaak	Ismael
Jaakob	Esau
Joseph	die Brüder
Hirten	Jäger und Ackerbauer
Weide	Wüste
Mond	Sonne
Kühle	Feuer
Wort	Leidenschaft
Kleid	Nacktheit
Auge	Mund
Vaterrecht	Mutterrecht
Askese	Potenz
Zartheit	Vitalität
Gottliebchen	Dûdu
Asnath	Mut-em-enet

etc.

Obgleich es zu kleineren Inkonsequenzen kommt, läßt sich die Antithetik auch in der Anordnung der Götter beobachten. Es stehen gegeneinander

Osiris Set,

denn Set hatte seinen Bruder Osiris ermordet und in vierzehn Stücke zerrissen, weshalb auch Josephs Brüder sich auf Joseph stürzen, »als wollten sie ihn in mindestens vierzehn Stücke zerreißen«[25]. In einer anderen Optik stehen auch gegeneinander

Osiris Isis,

denn Isis ist nicht nur die Mutter, Schwester und Gattin, die Osiris wieder heilt, zusammensetzt und bestattet, sondern in der Logik des Romans auch die verfolgende Leidenschaft, die gewalttätige Muttergottheit, deren inzestuöses Begehren das Geschlechtliche nur als Sumpf sittenloser Vermischung kennt. Mut-em-enet ist wie Isis das Geierweibchen, das über Joseph als Osiris schwebt, um mit ihm den Horus zu zeugen, aber Joseph widersteht der Sünde, weil ihm das Antlitz des Vaters, Jaakobs, erscheint. In diesem Zusammenhang stehen gegeneinander

Gott Götter,

steht der eine geistige Vatergott Israels gegen die Vielheit der ägyptischen und babylonischen Naturgottheiten, steht der, von dem ein Bild zu machen verboten ist, gegen die anschauliche Verwirklichung der Götter in zahlreichen bildhaften Gestaltungen.[26] Unter den Göttern Ägyptens stehen ferner gegeneinander

Atôn Amun,

steht also gegen den alten Reichsgott Amun, der die Schwärze vertritt und die Traditionsverhaftung, die Macht und den Krieg, Atôn als der neue Gott des Lichtes und des Fortschritts, der Liebe und des Friedens. Die Interessen Amuns vertritt der Oberpriester Beknechons, die Atôns der junge Pharao, der seinen Amunsnamen *Amen*hotep IV. ablegt und sich Echn*aton* (»Es ist dem Atôn wohlgefällig«[27]) nennt. Zu Amun, der ein Widder ist, gehören Tiergottheiten wie die katzengestaltige Bastet, der ibis- oder affenköpfige Thot, der stiergestaltige Chapi, der hundsköpfige Anup, die himmlische Kuh Hathor. Zu ihm gehört die polytheistische Vielheit, zu Atôn hingegen die monotheistische Einheit. »Siehe im Tiere finden sich Gott und Mensch [...]«[28]

36 Echnaton (mit Tochter Meritaton) und Nofretete (mit den Töchtern Maketaton und Anchesenpaaton) unter der Strahlensonne des Aton.

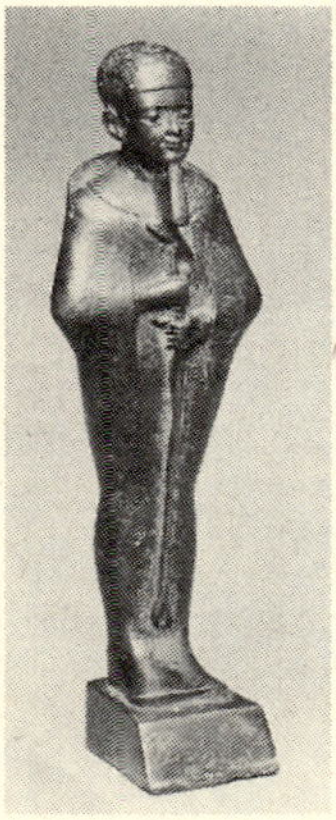

37 Ptach.

[...] sonderbar puppenhaft und von gleichsam abstrakter Form, in einbeiniger Seitenansicht mit langem Auge, den Kopf mit einer eng anliegenden Kappe bedeckt, am Kinn den künstlich befestigten Keil eines Königsbartes. Unausgebildet auf eine seltsame Art und allgemein umrissen wie seine Fäuste, die den Stab der Macht vor ihn hinhielten, war seine ganze Gestalt; sie schien in einem Futteral, einem engen, entformenden Überzuge zu stecken, schien, offen gestanden, gewickelt und balsamiert [...][29]

38 Chapi.

»Chapi! Chapi!« riefen sie in ängstlichem Jubel [...] und starrten hoffnungsvoll auf die vierkantige Stirn, die eisernen Hörner, die gedrungene, ohne Einbuchtung vom Rücken zum Schädel verlaufende Nackenlinie des Gott-Tieres und seinen Geschlechtsapparat, dies Unterpfand der Fruchtbarkeit.[30]

Amuns Vorläufer war Ptach, der mumiengestaltige Künstlergott, zusammen mit der löwenköpfigen Muttergottheit Sachmet und dem blumenförmigen Sohn Nefertêm eine Art Dreifaltigkeit bildend. Die Gegenfigur zu Ptach, genauer »die lebende Wiederholung des Ptach«, ist der Stier Chapi, der Fruchtbarkeitsgott. »Es tut sehr gut, ihn zu sehen«, erklärt der Bäckermeister seinen Zuhörern, »meine Erfahrung ist, daß ich den ganzen Tag nichts mehr zu essen brauche, wenn ich Chapi gesehen, denn es ist wie eine starke Mahlzeit Rindfleisches in meinen Gliedern, ich bin schläfrig und satt hinterdrein.«[31]

Eine Sonderrolle spielt Anup, der Hundsköpfige. Er ist bei Thomas Mann der Führer in die Unterwelt. Er wird mit der Hermesfigur vermischt als der geflügelte Gottesbote, der Joseph zum Brunnen führt und dann weiter nach Ägypten.[32] Er taucht als Eilbote wieder auf, der Joseph aus dem Gefängnis zu Echnaton führt.[33] Echnaton erzählt Hermes-Histörchen.[34] Hermes ist ein Schalk, durchtrieben und gelegentlich auch diebisch. Der raffinierte Ernährungspolitiker Joseph ist zugleich Thot, »der Schreiber und Totenführer, Erfinder vieler Gewandtheiten«, und Hermes, der »Herr der Stückchen«[35]. Sofern er Thot und Hermes ist, gehören zu Joseph die Motive der Schrift und des Handels, der Raffinesse und der Reise, vor allem aber das Motiv der Vermittlung zwischen Tod und Leben, zwischen Menschen und Göttern.

Gut und Böse

Gut und Böse stehen wie in Goethes *Faust* in dialektischem Zusammenhang, und Gott ist nicht das Gute, sondern das Ganze.[36] Thomas Mann folgt hier seinem Mentor Nietzsche, der von der widernatürlichen Kastration Gottes zu einem Gotte bloß des Guten sprach. »Man hat den bösen Gott so nötig als den guten.«[37] Das Böse ist notwendig, und der Böse hat seine Rolle zu spielen wie der Gute und tut es, weil er's »für ehrwürdig vorgeschrieben« hält wie der Oberbäcker[38], der mit zweiundsiebzig Mitverschworenen Pharao beseitigen wollte und dabei einem mythischen Modell folgt, »denn zweiundsiebzig Verschwörer waren es einst gewesen, die mit dem roten Set den Usir in die Lade gelockt hatten«[39] (der Erzähler fügt ironisch hinzu: »Wo also eine Verschwörung stattfindet in der Welt, da ist es üblich und nötig, daß die Zahl der Verschwörer zweiundsiebzig betrage«). Es gibt zweiundsiebzig Völker auf der Erde[40]. Zweiundsiebzig Stunden sitzt Joseph im Brunnen.[41] Zweiundsiebzig ist auch die Zahl der Tage, in denen der Nilstrom klein ist und das Land dürr und trocken, und die Zahl der Tage, die Osiris zerstückelt in der Lade zubringt. »Aber aus dem Unteren geht er hervor zu seiner Stunde«[42], der Nilstrom schwillt wieder, auf die Zeit des Todes und der Dürre folgt die Zeit des Segens und des Lebens. »Du kannst vom Heiligen und Geweihten nicht das Untere trennen«[43], erst Unten und Oben zusammen ergeben das Ganze. Das ist der Sinn des Doppelsegens »von oben herab und von der Tiefe, die unten liegt«[44]. Um des Guten willen muß es das Böse geben, so wie schon im *Zauberberg* Liebe und Güte nur möglich sind »in stillem Hinblick auf das Blutmahl«[45]. Damit Joseph zum Ernährer werden konnte, mußte er die Brüder zum Bösen reizen, denn er war »im Spiel, dem Spiele Gottes«.

»Ihr mußtet die Bösen spielen«, erklärt er den Brüdern am Schluß. Er weiß, daß er in einem Spiel ist, ja sogar, daß er »immer viel zu gut wußte, was da gespielt wurde«[46]. Er weiß es wie Kain, der Brudermörder, der, als er von Gott zur Rechenschaft gezogen wird, listig antwortet:

> Allerdings habe ich meinen Bruder erschlagen, es ist traurig genug. Wer aber hat mich geschaffen wie ich bin, eifersüchtig bis zu dem Grade, daß sich gegebenen Falles meine Gebärde verstellt und ich nicht mehr weiß, was ich tue? Bist du etwa kein eifersüchtiger Gott, und hast Du mich nicht nach Deinem Spiele erschaffen? Wer hat den bösen Trieb in mich gelegt zu der Tat, die ich unleugbar getan?[47]

Der Gott des *Joseph*-Romans ist ein Spieler, ein Künstler, ein Regisseur, der die Menschen ihr ewig gleiches und immer wieder neues Spiel aufführen läßt. Er ist ein ›postmoderner‹ Gott, weil er von Menschen hervorgedacht wird, die augenzwinkernd an seinem Bilde herummodeln und sich zur Religion nicht naiv gläubig, sondern zitierend verhalten. Die Religionsgeschichte zeigt die mythischen Vorbilder, in deren Spuren die Menschen gehen, entweder blind und ahnungslos wie die Brüder oder sehend und wissend wie Joseph. Man kann nicht wählen, ob man Hirte ist oder Jäger, Osiris oder Set, aber man kann erkennen, was man ist, und die Rolle humanisieren durch das Bewußtsein, mit dem man sie spielt.

Das Thema und seine Stellung im Gesamtwerk

Joseph und *Buddenbrooks*

Wie *Buddenbrooks* ist auch *Joseph und seine Brüder* ein Familien- beziehungsweise Generationenroman. In beiden Romanen ist deutlich ein Prinzip der Generationenabfolge zu erkennen. In *Buddenbrooks* handelt es sich um eine Verfallslinie. Sie führt von dem robusten Johann Buddenbrook senior über den schon etwas weicheren Johann (Jean) junior mit seinem sentimentalen Christentum zu Thomas Buddenbrook, der nur noch ein Schauspieler seiner selbst ist, und zu seinem Sohn Hanno, der Musik und Träumerei den Geschäften vorzieht und eines frühen Todes stirbt. Kultivierung und Verfeinerung machen auf die Dauer lebensunfähig.

Auch im *Joseph* gibt es diese Verfeinerungslinie. Abraham ist bei aller Gottsuche ein tatkräftiger Krieger, der keine List scheut. Isaak ist fügsam und bestimmbar, und bei Jaakob gar geht die Friedensliebe so weit, daß seine Männlichkeit gelegentlich in Zweifel gezogen wird.[1] Er entspricht der zweiten Buddenbrook-Generation, während der Spieler Joseph mit Thomas Buddenbrook verwandt ist und der dritten entspricht, sofern bei ihm alles ein »witzig berechnenderes Gepräge trug als in Jaakobs Fall«[2]. Josephs Kinder Ephraim und Menasse schließlich, als Gestalten freilich weit weniger wichtig als Hanno, sind dekadente Ägypter und taugen wenig[3].

Es gibt aber einen entscheidenden Unterschied. Im Joseph-Roman wird die Verfallslinie zu einer Fortschrittslinie umgebogen. Was in *Buddenbrooks* nur Dekadenz ist, ist in *Joseph und seine Brüder* zugleich Humanität. Die Zivilisierung durch Verweichlichung ist hier nicht mehr einfach ein Vitalitätsverlust, sondern ein Humanitätsgewinn, eine Bedingung für den Frieden unter den Menschen. So endet der Roman nicht mit dem Blick auf

Ephraim und Menasse, sondern mit dem auf Joseph, der neben seinem Künstlertum und seiner Träumerei doch auch noch die nötige Handlungsenergie aufbringt.

Der Kampf gegen den Asiatismus

Der Joseph-Stoff als Thema eines während der Weimarer Republik konzipierten Romans wirkt, verglichen mit Robert Musils *Mann ohne Eigenschaften*, Alfred Döblins *Berlin Alexanderplatz* oder Bertolt Brechts *Dreigroschenoper*, zunächst sehr abgelegen. Was hat Thomas Mann daran eigentlich interessiert? Im *Lebensabriß* (1930) meint er, es müsse reizvoll sein, das Wesen des Menschen in seinen mythischen Anfängen zu erkunden. Er will dabei ohne den modischen Antiintellektualismus, ohne die »ultraromantische Verleugnung der Großhirnentwicklung« auskommen und nimmt sich vor, im Geiste der Ironie »vermittelst einer mythischen Psychologie eine Psychologie des Mythus zu versuchen«[4]. Die Formel »Mythus und Psychologie« hatte er selbst 1919 geprägt[5] und Anfang 1926 bei Alfred Baeumler wiedergelesen. Baeumler hatte behauptet, Psychologie und Mythos schlössen sich aus[6]. Thomas Mann setzt gegen den Mythosbegriff der Irrationalisten Nietzsches Begriff des Apollinischen. In dem Reise-Essay *Pariser Rechenschaft* (von 1926, also aus der Konzeptionszeit des Joseph-Romans) zitiert er eine bei Baeumler gefundene Nietzsche-Stelle:

> Apollinisch werden: das heißt seinen Willen zum Ungeheueren, Vielfachen, Ungewissen, Entsetzlichen zu brechen an einem Willen zum Maß, zur Einfachheit, zur Einordnung in Regel und Begriff. Das Maßlose, Wüste, Asiatische liegt auf seinem Grunde; die Tapferkeit des Griechen besteht im Kampfe mit seinem Asiatismus: die Schönheit ist ihm nicht geschenkt, so wenig als die Logik, als die Natürlichkeit der Sitte – sie ist erobert, gewollt, erkämpft [...][7]

Damit sind vertraute Konstellationen erreicht, durch die der Joseph-Stoff den Anschein des Absonderlichen verliert. Es geht wie im *Zauberberg* um den Kampf der vernünftigen Selbstbehauptung gegen den »Asiatismus«, der Zivilisation gegen das Wüste und Wilde, der kultivierten Individualität gegen das Auflösende der Sympathie mit dem Tode, des Apollinischen gegen das Dionysische. Nur wird hier, im Unterschied zum *Zauberberg*, dem Apollinischen von vornherein der Vorzug gegeben. Die Hauptstrukturlinie ist steigend, nicht fallend wie in *Buddenbrooks* oder *Zauberberg*. Was Hans Castorp von der Anlage des Romans her versagt ist, bildet im *Joseph* die Grundlage der Konzeption. Hans Castorp erliegt der Verführung der Liebe, des Todes und des Krieges bis zu einem gewissen Grade, Joseph aber ist bereits von der biblischen Geschichte her der, der der Leidenschaft widersteht. Was Hans Castorp nur träumt, daß der Mensch um der Güte und Liebe willen dem Tode keine Herrschaft einräumen solle über seine Gedanken[8], wird von Joseph realisiert. Er verkörpert die Synthese der Freiheit des Gedankens mit der Treue zum Tode, denn er ist gesegnet »oben vom Himmel herab und von der Tiefe, die unten liegt« (Gen 49, 25). Sofern in diesem Roman die Vernunft siegt, ist er ein Ergebnis der politischen Wandlung Thomas Manns, der sich seit 1922 von der Monarchie, die er mit Tod und Vergangenheitskult verknüpft sah, ab- und der Demokratie zugewendet hatte.

Die Heimsuchung

An einer versteckten Stelle, im Kapitel *In Schlangennot*, hat Thomas Mann den Zusammenhang des Joseph-Themas mit seinem Gesamtwerk selber einbekannt, indem er seinen Erzähler, fast aus der Rolle fallend autobiographisch, meditieren läßt:

> Aber beim Beginn unseres geistigen Handelns gleich, da wir in das Kulturleben eintraten, wie einst die Menschheit es tat, unseren ersten zarten Beitrag dazu formend und spendend, stoßen wir auf eine Anteilnahme und Vorliebe, die uns jene Einheit – und daß es immer dasselbe ist – zu heiterem Staunen empfinden und erkennen läßt: Es ist die Idee der Heimsuchung, des Einbruchs trunken zerstörender und vernichtender Mächte in ein gefaßtes und mit allen seinen Hoffnungen auf Würde und ein bedingtes Glück der Fassung verschworenes Leben. Das Lied vom errungenen, scheinbar gesicherten Frieden und des den treuen Kunstbau lachend hinfegenden Lebens, von Meisterschaft und Überwältigung, vom Kommen des fremden Gottes war im Anfang, wie es in der Mitte war. Und in einer Lebensspäte, die sich im menschheitlich Frühen sympathisch ergeht, finden wir uns zum Zeichen der Einheit abermals zu jener alten Teilnahme angehalten.[9]

»Im Anfang« bezieht sich auf die Erzählung *Der kleine Herr Friedemann* (1897), »in der Mitte« auf den *Tod in Venedig* (1912), »in einer Lebensspäte« auf *Joseph und seine Brüder*. Friedemann wird von Gerda von Rinnlingen heimgesucht und zerstört, Gustav von Aschenbach von Tadzio, Mut-em-enet von Joseph. Das allen Gemeinsame ist die Furcht vor dem Zusammenbruch einer mühsam aufrechterhaltenen Lebensordnung durch den

Einbruch der Leidenschaft. Autobiographisch ist die Furcht vor der Heimsuchung wohl zu lesen als Furcht vor dem Einbruch der verdrängten Homosexualität in ein durch Bürgerlichkeit, Ehe und Familie nach außen hin wohlgeordnetes Leben.

Sexualität und Sprache

Die Sprache gehört zur Welt als Vorstellung. Der Trieb ist hingegen stumm. Ein Gedankenstrich nur bezeichnet in Kleists *Marquise von O...* den Augenblick der Vergewaltigung durch den russischen Offizier. Thomas Mann verfährt ebenso. Im Zentrum des Sexuellen versagen die Worte. Den Moment des Geschwisterinzests in der Erzählung *Wälsungenblut* zeigen zwei Gedankenstriche an.[10] Gustav von Aschenbach spricht kein Wort mit Tadzio, dem Gegenstand seiner Sehnsucht. Jaakob, in Erwartung der hochzeitlichen Vereinigung mit Rahel, redet und redet, dabei Lea, denn sie ist's im völligen Dunkel, mit den Händen betastend, bis zum entscheidenden Augenblick:

> Er verstummte. Da seine sehenden Hände ihr Antlitz verließen und fanden ihren Leib und die Haut ihres Leibes, rührte Ischtar sie beide an bis ins Mark, es hauchte der Himmelsstier, und sein Odem war ihrer beider Odem, der sich vermischte. Und war dem Jaakob das Labanskind eine herrliche Gesellin diese ganze wehende Nacht hindurch, groß in der Wollust und rüstig zu zeugen [...][11]

Jaakob verstummte... Joseph wird reden bei Mut wie ein Wasserfall, »unglaublich flüssig und gewandt«[12]. Das Reden ist seine Waffe gegen das schweigende Begehren. Auch Thomas Manns Schreiben ist Abwehr der Triebmächte, ein beschwörendes Selbstbehauptungsunternehmen der Humanität, ein Bollwerk gegen den Rückfall ins vermeintlich Untermenschliche. Das Kunstwerk ist dem Chaos abgerungen. »Als eine geordnete Scheinwelt soll es den Horror des Chaos überdecken.«[13]

Das Wortlose kommt trotzdem zur Sprache: als Mythos und als Metapher. Ischtar rührte sie bis ins Mark. Der Himmelsstier hauchte sie an. Die Mythen sind nicht prüde. Sie lassen recht eindeutige Ausdrücke zu, wie »Samen«, »begatten«, »das Fleisch steht auf«. Aus den Mythen wird die Umwegsprache gebildet, die das Tabuisierte aussprechbar macht. Joseph ist Gilgamesch, der von Ischtar verfolgt wird. Er ist auch Osiris, zur Mumie gewickelt und in Todesstarre liegend, auf den sich Mut als Isis niederläßt, um mit ihm den Horus zu zeugen. Joseph floh, so lesen wir, im »totengöttlichen Zustand«[14]. Was das heißt, wird an einer ganz anderen Stelle erklärt. Das »Fest des toten und begrabenen Gottes« war, so heißt es dort, »die Heiligung starrender Mannesbereitschaft, die Usirs Mumienwickel zerriß, so daß Eset als Geierweibchen den rächenden Sohn von ihm empfing«[15]. Die Starre des Geschlechts weist auf die Identität von Zeugung und Tod:

> Denn im Geschlecht ist der Tod und im Tod das Geschlecht [...] und das Geschlecht zerreißt die Wickelbinden des Todes und steht auf gegen den Tod, wie es mit dem Herrn Usiri geschah, über welchem Eset als Geierweibchen schwebte und ließ Samen fließen aus dem Toten und begattete sich mit ihm, indes sie klagte.[16]

Thomas Mann muß die Sexualität als tief bedrohlich und verheerend empfunden haben. Gewiß waren mit ihr peinigende Demütigungserlebnisse verbunden gewesen. Die Angst vor der Frau sitzt tief. Daß sie heimlich Kastrationsangst sei, geht aus Muts Drohungen und aus Dûdus Empfehlung des Badermessers deutlich hervor[17]. Die Kastrationsangst erzeugt Impotenz. Die Impotenz des Künstlers ist ein häufiges Motiv im Werk Thomas Manns. Tonio Kröger vergleicht sich mit den päpstlichen Kastraten[18], Detlev Spinell wird als bartloser Säugling beschrieben[19], und von Hitler, dem Künstlerbruder, heißt es, daß er nichts könne, was ein Mann kann[20]. Nie und nirgends sei der Künstler ein reiner und roher Mann gewesen.[21]
Das Motiv der Entmannung erscheint in den verschiedensten Zusammenhängen. »Es entmannt der Sohn den Vater«, heißt es im Kapitel *Der Rote* im Zusammenhang einer ausführlichen Er-

wägung zu diesem Thema. Auch die Beschneidung ist eine Art Entmannung:

> Sie war die von Gott geforderte und eingesetzte Vermählung des Menschen mit ihr, der Gottheit, vorgenommen an dem Teil des Fleisches, der den Sammelpunkt seines Wesens zu bilden schien und auf den jedes körperliche Gelöbnis getan wurde. Mancher Mann trug den Namen Gottes auf seinem Zeugungsgliede oder schrieb ihn darauf, bevor er ein Weib besaß. Der Treubund mit Gott war geschlechtlich und fügte dadurch [...] dem menschlich Männlichen sittigenderweise eine Abschwächung ins Weibliche zu. Das blutige Opfer der Beschneidung nähert sich in der Idee der Entmannung noch mehr als körperlich. Die Heiligung des Fleisches hat zugleich den Sinn der Keuschheit und ihrer Darbringung: einen weiblichen Sinn also.[22]

Diese Art Entmannung ist kultivierend, weil sie die Vatertötung unnötig macht. Joseph ist sozusagen ein erfolgreich Beschnittener, ein Anti-Ödipus, der den Vater nicht tötet und nicht mit der Mutter schläft. Seine reale Entmannung ist deshalb unnötig. Er bleibt ein Vaterkind. Als Mut-em-enet vorschlägt, sie könnten den Potiphar doch töten, widersteht er mit den Worten, er fühle sich dann wie einer, »der mit dir den Vater gemordet, um mit der Mutter zu schlafen«, worauf sie erwidert: »Mit der Mutter schläft jeder – weißt du das nicht?« Doch er beharrt:

> Der Vater der Welt ist kein Muttersohn [...] ich will nicht dergestalt sündigen wider Gott, den Herrn, daß ich den Vater schände und morde und mit der Mutter ein Paar mache als schamloses Flußpferd.[23]

Thomas Manns Christentum zwischen Vaterrecht und Mutterrecht

Josephs Verhältnis zu Mut war mutterrechtlich bestimmt. Zur matriarchalen Sphäre gehören im Roman Ägypten, Kanaan, die altbabylonischen und altgriechischen Mythen. Matriarchal ist das Urchaos der Vorzeit, während der patriarchalen Ordnung die Zukunft gehört. Im mutterrechtlichen Urzustand herrschen Zeitstillstand, Promiskuität, Homosexualität, Mutter- und Schwester-Inzest und Vatertötung, im weitesten Sinne die Welt des Erotischen überhaupt oder, in Schopenhauers Terminologie übersetzt, die Welt des Willens.

Zur vaterrechtlichen Sphäre gehört die jüdisch-christliche Religion. Im Vaterrecht herrschen Geist und Vernunft, Fortschritt, Askese, Individuation und die Entmachtung der Frau, herrscht, in Schopenhauers Terminologie, die Welt der Vorstellung. Der jüdisch-christliche Gott ist eindeutig Vater. Die jüdisch-christliche Religion ist im Denksystem des *Joseph* eine Emanzipation aus den mutterrechtlichen Urreligionen. Im Horizont des Mannschen Weltbildes läßt sich dem Christentum nichts Mutterrechtliches einschreiben, nichts Feminines und nichts Erotisches. Der christliche Glaube ist asketisch. Er basiert auf der Sexualverdrängung und kann ohne sie nicht sein. Der Mensch ist Sünder aufgrund seiner Triebe. Die Sünde ist der Rückfall aus der Vergeistigung in die Triebhaftigkeit. Thomas Manns Gesamtwerk ist eine riesige Beichte, die Selbstrechtfertigung eines Sünders vor Gott und den Menschen. Er schreibt und redet, um einen stummen Gott davon zu überzeugen, daß er recht tue und nicht anders könne. Die Triebfeder des Werkes ist ein fundamentales Schuld- und Sündenbewußtsein. »Wenn es christlich ist, das Leben, sein eigenes Leben, als eine Schuld, Verschuldung, Schuldigkeit zu empfinden, als den

Gegenstand religiösen Unbehagens, als etwas, das dringend der Gutmachung, Rettung und Rechtfertigung bedarf« – dann sei sein Werk nicht unchristlich: »Denn selten wohl ist die Hervorbringung eines Lebens [...] so ganz und gar [...] eben diesem bangen Bedürfnis nach Gutmachung, Reinigung und Rechtfertigung entsprungen, wie mein persönlicher [...] Versuch, die Kunst zu üben.«[24]

Sympathie mit dem Tode

»Schwerlich würde auch ohne den Tod philosophiert werden«, schrieb Schopenhauer am Anfang des Kapitels *Über den Tod* in seinem Hauptwerk *Die Welt als Wille und Vorstellung.* Thomas Mann kannte die Stelle früh. Der Stachel und der Trost des Todes beschäftigten ihn von Anfang an. Als es gilt, Thomas Buddenbrooks frühes Sterben erzählerisch vorzubereiten, läßt er ihn im Geiste Schopenhauers meditieren, der Tod sei ein Glück, sei

39 Totentanz, Lübeck, Marienkirche (im 2. Weltkrieg zerstört).

Heimkehr und Freiheit[25]. In *Buddenbrooks* (1901) wird viel gestorben. In der Venedig-Erzählung von 1912 erliegt der Künstler Gustav von Aschenbach der Liebe und dem Tode (*Der Tod in Venedig*). Das Thema des Romans *Der Zauberberg* ist geradezu die »Sympathie mit dem Tode«. Hans Castorp, der Held dieses Romans, soll sich allerdings nach dem pädagogischen Willen seines Autors von dieser Sympathie freimachen, doch das mißlingt. Hans bleibt dem Tode, das heißt in der Logik des Romans den auflösenden Mächten: der Liebe und der Musik, der Liederlichkeit und der Zigarre, der Krankheit und dem Kriege verhaftet.

Im *Joseph*-Roman hat Thomas Mann das Motiv des Todes dem Lande Ägypten zugeteilt, zusammen mit dem Motiv der Lust. Jaakob erzählt:

> Es ist ein Land weit unten, das Land Hagars, der Magd, Chams Land oder das schwarze geheißen, das äffische Ägyptenland. Denn seine Leute sind schwarz an der Seele, wenn auch rötlich von Angesicht, und kommen alt aus Mutterleib, so daß ihre Säuglinge kleinen Greisen gleichen und schon nach einer Stunde anfangen, vom Tode zu lallen. Sie tragen, wie ich vernahm, ihres Gottes Mannheit drei Ellen lang durch die Gassen mit Trommeln und Saitenspiel und buhlen in Gräbern mit geschminkten Leichnamen.[26]

Der Brunnen, in den Joseph von den Brüdern hineingeworfen wird, ist ein Grab. Der Weg durch den Brunnen ist der Weg ins Totenland. Der ägyptische Joseph ist in gewisser Hinsicht ein Toter.[27] Als »Osarsiph« trägt er einen Todesnamen. Ägypten ist das Reich des Todes und der Zeugung, »der Ort des Kotes und der Exkremente, aber auch des Goldes und Reichtums«[28]. In ihm herrscht Osiris, der Zerstückelte, der zeugende Totengott.

Die großen Sterbefälle im *Joseph*-Roman sind das Hinscheiden Isaaks, Rahels, Mont-kaws und Jaakobs. Der Tod Isaaks – »dicht vor seinem Ende versuchte er mit dem sonderbarsten Erfolge, wie ein Widder zu blöken«[29] – erscheint als Rückfall ins

Ur-Unflätige, als Erinnerung an die Greuel einer unzivilisierten Vorzeit, in der es noch das blutige Opfer gab anstelle seiner Sublimation zur Liturgie.

Mit Potiphars Hausverwalter Mont-kaw, der von Gott aus dem Wege geräumt wird, um Platz zu machen für Joseph[30], läßt Thomas Mann einen angesehenen Ägypter sterben. Josephs Todes-Gute-Nacht weiß viel vom Tröstlichen des ägyptischen Sterbens. Die Herrschaft von Zeit und Raum ist beendet im Tode, alles Geschehen wird ein ewiges stehendes Jetzt. Schwerelos, sorglos, körperlos vereinigt sich das Ich »in glücklichster Übereinstimmung mit sich selbst«[31] im Tode mit allen seinen Lieben und lebt ewig und immergleich in idealischer Vollkommenheit.

Rahel, die Liebliche, starb am Wege und wurde dort bestattet ohne Aufwand. Sie lebt fort in Jaakobs Gedächtnis, auch ohne ägyptische Wickelkunst. Als es für Jaakob ans Sterben geht, will er nicht in Ägypten begraben werden, sondern in seinem Heimatland, aber auch nicht neben Rahel, der allzu sehr Geliebten, sondern im Erbbegräbnis bei Abraham und Sara, bei Isaak und Rebekka und, er sagt es ausdrücklich, bei Lea, der Fruchtbaren, der Mutter der Sechse. Das ist eine Entscheidung für die Pflicht und gegen die Liebe.

> Ich habe sie geliebt, ich habe sie zu sehr geliebt, aber nicht nach dem Gefühle geht es und nach des Herzens üppiger Weichheit, sondern nach der Größe und nach dem Gehorsam. Es schickt sich nicht, daß ich am Wege liege, sondern bei seinen Vätern will Jaakob liegen und bei Lea, seinem ersten Weibe, von der der Erbe kam«.[32]

Es ist eine Entscheidung gegen Joseph, den Sohn der Rahel, der das Kind der Liebe zwar ist, aber nicht das Kind der Verheißung, denn nicht aus seinem, sondern aus dem Stamme Juda wird der Messias kommen. Es ist eine Entscheidung gegen Ägypten und seine hochkultivierte Todeserotik und für Israel, für die Vätersitte, für das Leben und die Pflicht. Es ist ein Abschied von der Sympathie mit dem Tode. Hans Castorp, dem Helden des *Zau-*

berberg, gelang dieser Abschied nur im Traum, nicht in der Tat. Träumend-denkend nimmt er sich vor: »Ich will dem Tode Treue halten in meinem Herzen, doch mich hell erinnern, daß Treue zum Tode und Gewesenen nur Bosheit und finstere Wollust und Menschenfeindschaft ist, bestimmt sie unser Denken und Regieren.«[33] Aber erst Joseph ist die Gestalt der Erfüllung, erst ihm gelingt die Synthese:

> Denn Sympathie ist eine Begegnung von Tod und Leben: die echte entsteht nur, wo der Sinn für das eine dem Sinn für das andre die Waage hält. Sinn für den Tod allein schafft Starre und Düsternis; Sinn für das Leben allein schafft platte Gewöhnlichkeit, die auch keinen Witz hat. Witz eben und Sympathie entstehen nur da, wo Frömmigkeit zum Tode getönt und durchwärmt ist von Freundlichkeit zum Leben, diese aber vertieft und aufgewertet von jener. So war Josephs Fall; so waren sein Witz und seine Freundlichkeit.[34]

Die Entstehungsjahre des Joseph-Romans

»Höchst anmutig ist diese natürliche Erzählung, nur scheint sie zu kurz, und man fühlt sich berufen, sie ins Einzelne auszumalen.«
Goethe über die biblische Josephserzählung, *Dichtung und Wahrheit* 1. Teil, 4. Buch[1]

Konzeptionsgeschichte und Erstausgaben

Der Roman wurde geschrieben in der Zeit vom Dezember 1926 bis zum Januar 1943, mit einer Pause zwischen August 1936 und August 1940, in der Thomas Mann hauptsächlich den Goethe-Roman *Lotte in Weimar* verfaßte.[2]

Die Konzeption des Romans stammt aus der Zeit der Weimarer Republik, in deren Dienst sich Thomas Mann, unter Abkehr von den nationalkonservativen Auffassungen, die er vorher vertreten hatte, seit 1922 gestellt hatte. Anders als in seinem bisherigen Werk, in dem die irrationalen und konservativen Mächte stets stärker blieben als die rationalen und demokratischen der Vernunft, sollte dieses Mal der Tag siegen über die Nacht, die Helle der vaterrechtlichen Aufklärung über das mutterrechtliche Dunkel, die Keuschheit über die Leidenschaft, mit Nietzsches Worten aus der *Geburt der Tragödie* das Apollinische über das Dionysische. Das war der Hauptgrund für die Wahl des Stoffes, der biblischen Geschichte vom keuschen Joseph, die damals noch den meisten Deutschen aus dem Religionsunterricht bekannt war.

Geplant als Werk der Republik, wurde der Roman durch den Verlauf der Zeitgeschichte zum Roman des Exils und des Widerstands gegen den Nationalsozialismus. Er eignete sich dazu nicht nur wegen seiner ironischen Behandlung des Mythischen, sondern bereits vom Stoff her, als Roman der Begründung der Humanität aus dem Geist des Judentums.

Die erste Anregung, den Joseph-Stoff zu gestalten, geht wahrscheinlich auf den Winter 1923/24 zurück. Eine Mittelmeerreise im März 1925 liefert vorerst nur wenig Brauchbares (»Ich habe nicht viel gesehen«[3]), obwohl Thomas Mann Kairo, die Pyramiden, Luxor, Karnak und die Königsgräber in Theben besucht hat und sogar glaubte, die Mumie von Echnaton (= Amenophis IV.) gesehen zu haben[4]. Die zweite Jahreshälfte 1926 ist dem Studium zahlreicher Quellen gewidmet. Eine zweite Ägyptenreise folgte im Februar und März 1930; sie diente »der Nachprüfung meiner von fern bewerkstelligten Versenkung an Ort und Stelle«[5].

Als erster Band erschien im Oktober 1933 in einer Auflage von zunächst zehntausend Stück[6] Band I der Tetralogie, *Die Geschichten Jaakobs*.

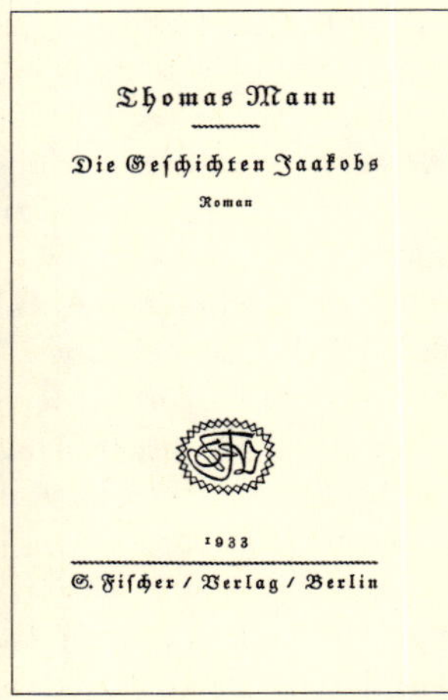
Thomas Mann

Die Geschichten Jaakobs

Roman

1933

S. Fischer / Verlag / Berlin

40 *Erstausgabe (Schutzumschlag von Karl Walser) und Titelblatt des ersten Romans.*

In Deutschland waren Werbung und Verkauf zwar durch einige Schikanen erschwert, aber noch möglich. Im Januar 1934 waren bereits 25 000 Exemplare abgesetzt.

Der zweite Band, *Der junge Joseph*, erschien im April 1934.

Thomas Mann

Der junge Joseph

Roman

1934

S. Fischer / Verlag / Berlin

41 *Erstausgabe (Schutzumschlag von Karl Walser) und Titelblatt des zweiten Romans.*

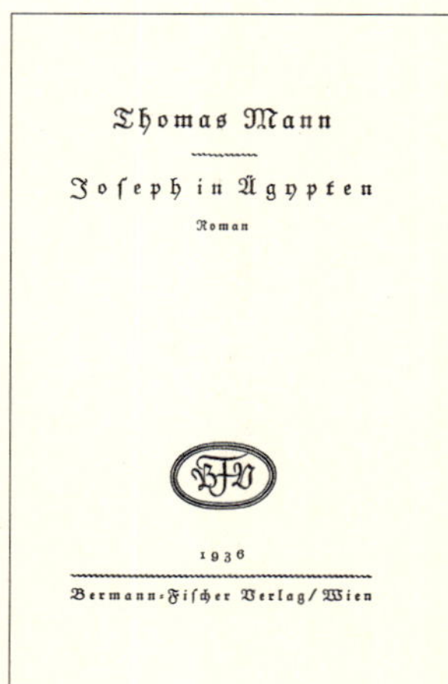
Thomas Mann

Joseph in Ägypten

Roman

1936

Bermann-Fischer Verlag/Wien

42 *Erstausgabe (Schutzumschlag von Karl Walser) und Titelblatt des dritten Romans.*

Gedruckt wurden zunächst wieder zehntausend Stück, dann weitere achttausend bis 1936.
Als im Oktober 1936 der dritte Band, *Joseph in Ägypten*, erschien, wieder in zehntausend Exemplaren, hatte der S. Fischer Verlag bereits nach Wien ausweichen müssen.
Auch dieser Band konnte im Deutschen Reich noch, trotz mancher Behinderungen, verkauft werden, aber aufgrund der nationalsozialistischen Presselenkung konnten keine Besprechungen erscheinen. Bei Kriegsende stand er im dreizehnten Tausend.
Band IV, *Joseph, der Ernährer*, im Klappentext zum dritten Roman für Herbst 1937 angekündigt, erschien dann ohne Bildschmuck im Dezember 1943 in Stockholm. Die Auflage betrug nur noch fünftausend Stück, da ein Verkauf in Deutschland nicht mehr möglich war. Als Vergleichszahl aus vornationalsozialistischen Zeiten mag dienen, daß von *Buddenbrooks* (erschienen 1901) bis 1933 weit über eine Million Exemplare verkauft worden sind.

Im Exil

Die ersten beiden Romane schrieb Thomas Mann hauptsächlich in München, kleinere Teile auch in seinem Ferienhaus in Nidden auf der Kurischen Nehrung.

43 Thomas Manns Haus in München, Poschingerstraße 1.

44 Thomas Manns Schreibtisch (darauf das seit 1933 verschollene Manuskript des Romans ›Der Zauberberg‹, 1924).

Thomas Mann war im Frühjahr 1933 bis zum Kapitel *Joseph bei den Pyramiden* vorgedrungen, als ihn nationalsozialistische Schmähungen und Übergriffe gegen sein Eigentum veranlaßten, von einer Auslandsreise nicht nach Deutschland zurückzukehren. Ein Brief Reinhard Heydrichs, der damals Chef der Bayerischen Politischen Polizei war, bestätigt, daß gegen Thomas Mann tatsächlich ein Haftbefehl bestand – obgleich die Argumente, die gegen ihn ins Feld geführt werden, zum Teil absurd sind (er sei ein »marxistischer Schriftsteller«). Außerdem war sein Vermögen beschlagnahmt worden:

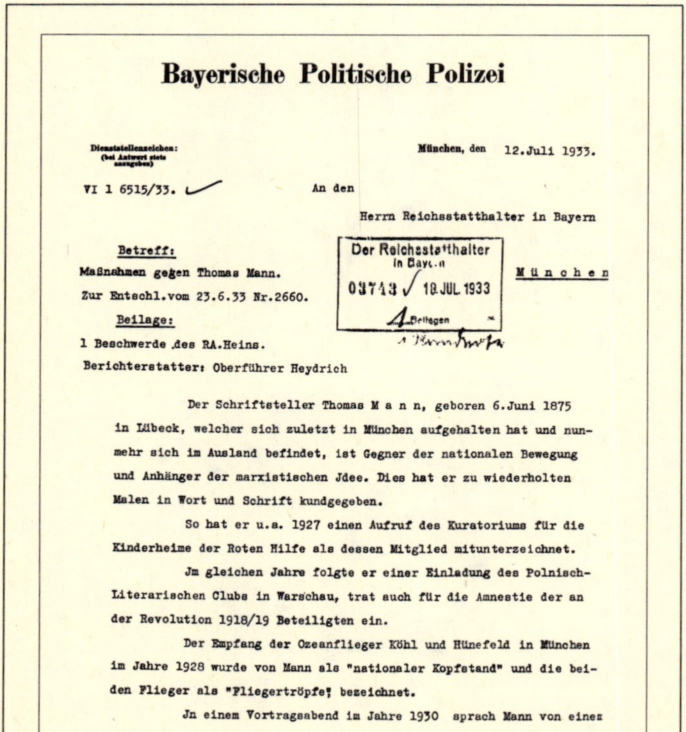

Bayerische Politische Polizei

Dienststellenzeichen:
(bei Antwort stets anzugeben)

VI 1 6515/33.

München, den 12.Juli 1933.

An den

Herrn Reichsstatthalter in Bayern

München

Der Reichsstatthalter in Bayern
03743 18.JUL.1933
1 Beilagen

Betreff:
Maßnahmen gegen Thomas Mann.
Zur Entschl.vom 23.6.33 Nr.2660.

Beilage:
1 Beschwerde des RA.Heins.

Berichterstatter: Oberführer Heydrich

Der Schriftsteller Thomas M a n n, geboren 6.Juni 1875 in Lübeck, welcher sich zuletzt in München aufgehalten hat und nunmehr sich im Ausland befindet, ist Gegner der nationalen Bewegung und Anhänger der marxistischen Jdee. Dies hat er zu wiederholten Malen in Wort und Schrift kundgegeben.

So hat er u.a. 1927 einen Aufruf des Kuratoriums für die Kinderheime der Roten Hilfe als dessen Mitglied mitunterzeichnet.

Jm gleichen Jahre folgte er einer Einladung des Polnisch-Literarischen Clubs in Warschau, trat auch für die Amnestie der an der Revolution 1918/19 Beteiligten ein.

Der Empfang der Ozeanflieger Köhl und Hünefeld in München im Jahre 1928 wurde von Mann als "nationaler Kopfstand" und die beiden Flieger als "Fliegertröpfe" bezeichnet.

Jn einem Vortragsabend im Jahre 1930 sprach Mann von einem

"orgiastisch-naturkultischen, radikal-humanitätsfeindlichen, rauschhaft-dynamistischen, unbedingt ausgelassenen Charakter" der nationalen Bewegung und schrieb ihr "eine gewisse Philologen-Jdeologie, Germanistenromantik und Nordgläubigkeit aus akademisch-professoraler Sphäre zu, die in einem Jdiom von mystischem Bildersinn und verstiegener Abgeschmacktheit mit Vokabeln wie rassisch, völkisch, bündisch, heldisch auf die deutschen von 1930 einredet und der Bewegung das Jngrediens von verschwärmter Bildungsbarbarei hinzufügt."

Jm Jahre 1931 wurde Mann als Beisitzer des "Vereins zur Abwehr des Antisemitismus" gewählt. Seine judenfreundliche Einstellung bewies er auch durch seinen Roman "Der Zauberberg" in der er das Schächten geradezu verherrlicht

1932 wurde in der kommunistischen Presse durch das Münchner Antikriegskomitee ein Antikriegsaufruf veröffentlicht, der auch von Thomas Mann unterzeichnet war.

Jm Oktober 1932 wurde von ihm in einer Rede im grossen Saal des Wiener sozialdemokratischen Volkshauses vor sozialdemokratischen Arbeitern erklärt, daß es zum erstenmal geschehe, daß er, "der bürgerlich geborene Schriftsteller, vor einem sozialdemokratischen Arbeiterpublikum spreche". Weiterhin führte er aus "ich empfinde das als epochemachend für mein ganzes Leben. Meine Ausführungen sollen nichts anderes sein, als ein Bekenntnis der Sympathie für Jhre sozialistische Sache. Sozialismus ist nichts anderes als der pflichtgemäße Entschluß, den Kopf nicht mehr vor den dringendsten Bedürfnissen und Forderungen zu verstecken, sondern sich auf die Seite derer zu schlagen, die der Erde einen Menschensinn geben wollen." Nach Presseberichten wurde "das erste Bekenntnis des großen deutschen Dichters zur Sozialdemokratie von den Wiener Arbeitern mit jubelndem Beifall aufgenommen."

Diese undeutsche, der nationalen Bewegung feindliche, marxistische und judenfreundliche Einstellung gab Veranlassung, gegen Thomas Mann Schutzhaftbefehl zu erlassen, der aber durch die Abwesenheit desselben nicht vollzogen werden kann.

Nach den Weisungen der Ministerien wurden jedoch sämtliche Vermögenswerte beschlagnahmt.

Heydrich

Schneider

45 Reinhard Heydrich über Thomas Mann.

Nach Aufenthalten in Arosa, Lenzerheide, Lugano und Bandol läßt sich Thomas Mann bis September 1933 in Sanary-sur-Mer bei Marseille, einem Sammelpunkt vieler deutscher Emigranten, nieder.
Von dort zieht er nach Küsnacht um, um schließlich nach mehreren vorbereitenden USA-Reisen, unter dem Eindruck der Besetzung Österreichs 1938, seinen Wohnsitz nach Princeton zu verlegen.
Die deutschen Behörden hatten ihn im Dezember 1936 ausgebürgert:

Aberkennung der deutschen Staatsangehörigkeit

Ausstoßung von Volksschädlingen

Berlin, 3. Dezember.

Auf Grund des § 2 des Gesetzes über den Widerruf von Einbürgerungen und Aberkennung der deutschen Staatsangehörigkeit vom 14. Juli 1933 (RGBl. I S. 480) erkläre ich im Einvernehmen mit dem Herrn Reichsminister des Auswärtigen folgende Reichsangehörige der deutschen Staatsangehörigkeit für verlustig, weil sie durch ein Verhalten, das gegen die Pflicht zur Treue gegen Reich und Volk verstößt, die deutschen Belange geschädigt haben:

[...] 25. Mann, Thomas, geb. am 6. 6. 1875 in Lübeck; [...]

Das Vermögen der vorstehend bezeichneten Personen wird beschlagnahmt.

Der Verlust der deutschen Staatsangehörigkeit wird erstreckt auf folgende Familienangehörige:

Der „Völkische Beobachter" veröffentlichte in seiner gestrigen Ausgabe eine Liste von Volksschädlingen, denen die deutsche Staatsangehörigkeit aberkannt wurde. Nachstehend geben wir die Begründung für diese Ausbürgerungen bekannt.

21. Thomas Mann, Schriftsteller, früher in München wohnhaft. Nach dem Umschwung kehrte er nicht wieder nach Deutschland zurück und begründete mit seiner Ehefrau Katharina geb. Pringsheim, die einer jüdischen Familie entstammt, einen Wohnsitz in der Schweiz. Wiederholt beteiligte er sich an Kundgebungen internationaler, meist unter jüdischem Einfluß stehender Verbände, deren feindselige Einstellung gegenüber Deutschland allgemein bekannt

Katharina Mann, geb. Pringsheim, geb. am 24. 7. 1883 in Feldafing; Gottfried Angelus Thomas Mann, geb. 27. 3. 1909 in München; Monika Mann, geb. 7. 6. 1910 in München; Elisabeth Veronika Mann, geb. 24. 4. 1918 in München; Michael Thomas Mann, geb. 21. 4. 1919 in München;

war. Seine Kundgebungen hat er in letzter Zeit wiederholt offen mit staatsfeindlichen Angriffen gegen das Reich verbunden. Anläßlich einer Diskussion in einer bekannten Züricher Zeitung über die Bewertung der Emigrantenliteratur stellte er sich eindeutig auf die Seite des staatsfeindlichen Emigrantentums und richtete öffentlich gegen das Reich die schwersten Beleidigungen, die auch in der Auslandspresse auf starken Widerspruch stießen. Sein Bruder Heinrich Mann, sein Sohn Klaus und seine Tochter Erika Mann sind bereits vor längerer Zeit wegen ihres unwürdigen Auftretens im Ausland der deutschen Staatsangehörigkeit für verlustig erklärt worden.

46 Aberkennung der deutschen Staatsangehörigkeit, veröffentlicht im ›Völkischen Beobachter‹ am 4. und 5. Dezember 1936.

Das war insofern unwirksam, als Thomas Mann kurz vorher die tschechoslowakische Staatsbürgerschaft angenommen hatte.

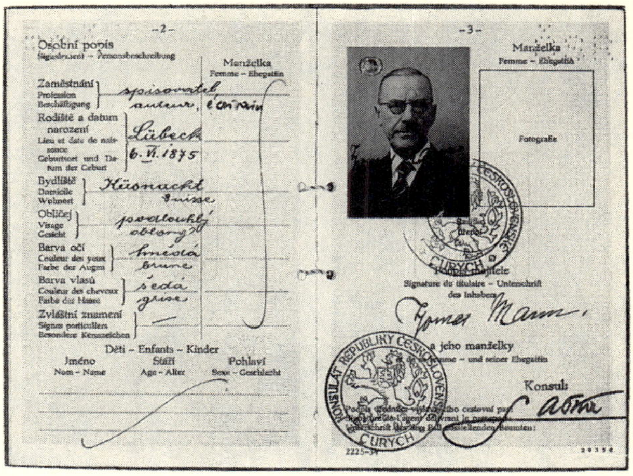

47 Thomas Manns tschechoslowakischer Paß.

1944 wurde Thomas Mann dann Bürger der Vereinigten Staaten. Er zog 1941 von Princeton nach Kalifornien um und wohnte bis 1952 in Pacific Palisades in der Nähe von Los Angeles.

Der große Roman – »siebzigtausend geruhig strömende Zeilen« – ist in einer Zeit entstanden, »da jeder Tag Herz und Hirn mit wildesten Zumutungen bestürmte«[7]. Die Unruhe der Entstehungszeit und die Ruhe des großen Werkes stehen in einem inneren Zusammenhang. Es gibt eine Art Werkfrömmigkeit beinahe religiöser Art bei Thomas Mann. Das Werk ist sein Gott. Er las in Psalm 23, 4: »Und ob ich schon wanderte im finstern Tal, fürchte ich kein Unglück; denn du bist bei mir, dein

Stecken und Stab trösten mich.« Er schrieb im Rückblick auf die Arbeit am *Joseph*:

> Ich bin diesem Werke dankbar, das mir Stütze und Stab war auf einem Wege, der oft durch so dunkle Täler führte – Zuflucht, Trost, Heimat, Symbol der Beständigkeit war es mir, Gewähr meines eigenen Beharrens im stürmischen Wechsel der Dinge.[8]

48 Das Buddenbrookhaus in Lübeck nach dem Krieg.

Die Quellen

Die vielfältigsten Anregungen sind in den Joseph-Roman eingegangen. Abgesehen von den Lebenserfahrungen spielen eine große Anzahl verschiedenster Lektüreeindrücke eine Rolle. Es gibt Basisstrukturierungen durch die Philosophien Schopenhauers und Nietzsches. Es gibt das heimliche Konkurrieren mit Goethes *Faust* und Wagners *Ring*.[1] Geht man näher an das Werk heran, so gibt es Quellen von großem strukturbildenden Einfluß wie das Alte Testament oder die Bücher von Alfred Jeremias, Johann Jakob Bachofen und Sigmund Freud, ferner Quellen, deren Bedeutung hauptsächlich in der Lieferung farbiger Einzelheiten besteht – dazu gehören die meisten ägyptologischen Werke.[2]

Das Buch *Genesis*

Die bei weitem wichtigste Quelle des Joseph-Romans ist das Buch *Genesis* (oder 1. Buch Mose) des Alten Testaments. Von den Kapiteln 25–50, die von Jaakobs Geburt bis zu seinem Tod reichen, hat Thomas Mann beinahe jeden Satz irgendwo verwendet. Aber auch die Vorgeschichte vom Sündenfall über die Sintflut, den Turmbau und die Schicksale Abrahams bis zu den Geschichten von Isaak und Jaakob werden gemütlich und genüßlich vor dem Leser ausgebreitet, dem Motto folgend, nur das Ausführliche sei wahrhaft unterhaltend. Thomas Mann las den Text zuerst in der alten Familienbibel[3], die erhalten geblieben ist, bereits in *Buddenbrooks* eine wichtige Rolle spielt und im *Doktor Faustus* präzise beschrieben wird:

> [...] sah man ihn lesen, vornehmlich in einer umfangreichen, in gepreßtes Schweinsleder gebundenen und mit ledernen Spangen zu verschließenden Erb-Bibel, die um 1700 mit herzoglicher Befreiung zu Braunschweig gedruckt worden war und nicht nur die »Geist-reichen« Vorreden und Randglossen D. Martin Luthers, sondern auch allerlei Summarien, locos parallelos und jedes Kapitel erläuternde historisch-moralische Verse eines Herrn David von Schweinitz mit einschloß.[4]

Zur Arbeit benutzte er dann eine modernere Ausgabe.[5] Er kannte sich für einen Laien recht gut aus in der Bibelwissenschaft seiner Zeit. »Ich weiß, rein historisch, so ziemlich über das merkwürdige Werk Bescheid«, schrieb er 1944 und fuhr fort:

> Was ist, vernünftig gesehen, die Bibel? Sie besteht aus einer Menge sehr verschiedenwertiger literarischer Erzeugnisse des

BIBLIA,
Das ist:
Die gantze
Heilige Schrifft,
Alten und Neuen
Testaments/
Nach der deutschen Ubersetzung
D. MARTINI LUTHERI,
Nebst
Dessen Geist-reichen Vorreden und Rand-Glossen;
Zugleichen mit
M. Viti Dieterichs Summarien/
Und
Francisci Vierlings Vorreden/
Dann
Mit des Herrn David von Schweinitz Historisch- und
Moralischen Versen über jedes Capitul der Heil. Schrift,
erläutert:
Samt vielen locis parallelis, oder gleich-stimmigen Schrift-Stellen,
Und
Einem dreyfachen Register
I. Der fürnemsten Haupt-Articuln Christlicher Lehre,
II. Der im N. Testament angeführten Mosaischen und Prophetischen Sprüche,
III. Der Evangelien und Episteln auf alle Sonn- Fest- und Apostel-Tage,
mit Fleiß ausgefertiget.
Mit Hertzogl. Braunschweig-Lüneb. gnädigstem PRIVILEGIO.
Braunschweig, Gedruckt und verlegt durch Friedrich Wilhelm Meyer, Hertzoglichen
privilegirten Buchdrucker. 1722.

49 *Bibel der Familie Mann.*

Judentums und Urchristentums: Mythen, Sagen, Novellen, Hymnen und sonstigen Dichtungen, historischen Berichten, Abhandlungen, Briefen, Spruchsammlungen und Gesetzes-Codices, deren Abfassung oder richtiger deren Niederschrift sich auf einen sehr langen Zeitraum, vom fünften Jahrhundert vor bis ins zweite Jahrhundert nach Christi Geburt verteilt. Manche Bestandteile aber reichen ihrem Ursprung nach weit rückwärts über diesen Zeitraum hinaus: es sind Reste und Brocken grauen Altertums, die gleich gewaltigen Findlingen in dem Buche herumliegen. Andererseits sind manche Schilderungen der jüdischen Vorzeit, die die Bibel enthält, gefärbt von den Wünschen und Idealen der Epoche, in der sie verfaßt wurden. Die Redaktion der Erzvätergeschichten scheint in der jüdischen Königszeit anzusetzen zu sein, in Tagen politischer Wirren, die die Sehnsucht nach Sanftmut und Friedlichkeit des Lebens erweckten, wodurch die Ur-Geschichten den Charakter der Hirten-Idylle gewonnen haben.[6]

Jeremias, Sagen der Juden, Goldberg, Dacqué, Freud, Baeumler, Bachofen, Mereschkowski

Bevor Thomas Mann zu schreiben begann, las er sich ein in die Geisteswelt des alten Orients. Zu den wichtigsten Quellen des Romans gehören:

Alfred Jeremias: *Das Alte Testament im Lichte des Alten Orients,* Leipzig ^{3}1916.

Alfred Jeremias ist einer der Hauptvertreter der sogenannten »panbabylonischen Schule«, die das Alte Testament weitgehend auf babylonische Quellen zurückführte und die Kultur des vorderen Orients als Einheit betrachtete. Das machte dieses Buch besonders geeignet für den *Joseph*-Roman, der ja ebenfalls die jüdische, die ägyptische, die babylonische, die griechische und die christliche Religion einer im Grunde einheitlichen Humanitätsidee verpflichtet sieht.[7]

Die Sagen der Juden, Frankfurt ^{2}1919.

Die Josephgeschichte ist altorientalisches Erzählgut und wohl als ganze ins Buch *Genesis* übernommen worden. Sie findet sich deshalb auch an anderen Stellen. Thomas Mann hat mehrere Versionen studiert. Aus den *Sagen der Juden* hat er sich notiert (s. Abbildung 50):

> Potiphars Weib hätte Joseph um ein Haar verführt. Als er aber die Sünde gerade begehen wollte, ward ihm das Antlitz seines Vaters sichtbar; er prallte zurück und überwand die Begierde.

Oskar Goldberg: *Die Wirklichkeit der Hebräer. Einleitung in das System des Pentateuch*, Berlin 1925

Goldberg[8] ist für Thomas Mann der Typus des jüdischen Faschisten. Sein Thema ist die Fleischwerdung des Mythos. Gott braucht die Menschen, um sich zu verkörpern. Goldberg betrachtet reine Geistigkeit als Mangel. Er will aus der Vergeistigung des Opfers zurück zum wirklichen Fleisch und Blut. Sein Buch inspiriert insofern das Kapitel *Urgeblök*, mit Isaaks Regression zum Opfertier. Thomas Mann legt Goldbergs Lehre im 28. Kapitel des *Doktor Faustus* dem jüdischen Privatgelehrten Chaim Breisacher in den Mund.[9] Breisacher betrachtet die Entwicklung vom *Pentateuch* (den ersten fünf Büchern des Alten Testaments) über die Propheten zu Salomo (»ein von erotischen Genüssen entnervter Ästhet und in religiöser Beziehung ein fortschrittlicher Dummkopf«) und den Psalmen als Verfallsentwicklung: Vom Volks-Elohim, dessen Brot das wirkliche Fleisch und Blut des Opfertiers ist, reicht sie zur »entarteten Gottesvorstellung der Psalmenpoeten«, die Gottes Wohnung von der Erde weg in einen abstrakten Himmel verlegen.

Edgar Dacqué: *Urwelt, Sage und Menschheit*, München 1924.

Dacqué ist ein wissenschaftlicher Außenseiter wie Jeremias und Goldberg. Thomas Mann schätzte die eigenwilligen Denkgebäude mehr als die systematische Universitätswissenschaft. Dacqué ist Irrationalist und Intuitionist; er wird deshalb im *Doktor Faustus*, wo er als Doktor Egon Unruhe vorkommt, als intelligenter Reaktionär und Vorläufer des Nationalsozialismus verstanden. Es heißt dort von ihm, »daß er die Tiefenschichten- und Versteinerungskunde auf sehr geistvolle Weise mit der Rechtfertigung uralten Sagengutes verband, so daß in seiner Lehre, einem sublimierten Darwinismus, wenn man will, alles wahr und wirklich wurde, woran im Ernst zu glauben eine entwickelte Menschheit längst aufgehört hatte«.[10] Im Zusammenhang des Joseph-Romans interessiert Thomas Mann Dacqués Darstellung der Anfänge der Menschheitsgeschichte, vor allem der Atlantis- und der Sintflutsage.

Sigmund Freud: *Gesammelte Schriften*, 10 Bände, Wien 1924 bis 1925.

Bevor Thomas Mann die seit 1924 erscheinenden *Gesammelten Schriften* erwarb, hatte er nur fragmentarische Freud-Kenntnisse.[11] Für den *Joseph*-Roman las er dann gründlich im zehnten Band Freuds religionspsychologische Schrift *Totem und Tabu*. Der Einfluß ist vielfältig. Er erstreckt sich auf die religiöse Psychologie von Opfer und Abendmahl, auf den Vatergott Israels (Freuds Aussage, daß für jeden »sein persönliches Verhältnis zu Gott von seinem Verhältnis zum leiblichen Vater abhängt«, ist angestrichen), auch auf Echnatons nur symbolische Existenz: »die von der Bürde ihrer Heiligkeit erdrückten Könige waren unfähig, die Herrschaft in realen Dingen auszuüben.« Thomas Mann notiert am Rande: »Pharao«.

Der Mythus von Orient und Occident. Eine Metaphysik der alten Welt. Aus den Werken von J. J. Bachofen. Mit einer Einleitung von Alfred Baeumler herausgegeben von Manfred Schröter, München 1926.

Aus der Einleitung des Philosophen Alfred Baeumler bezog Thomas Mann zahlreiche Informationen zur Grundantithetik des Romans, dem Gegensatz von Vaterrecht und Mutterrecht, von Sonne und Erde, von Geistigkeit und Sinnlichkeit. Angestrichen und am Rand mit einem Ausrufezeichen versehen ist zum Beispiel das Görres-Zitat: »Der Himmel ist das umfangende, spendende, wesentlich feurige, männliche Prinzip, die Erde aber das umarmte, empfangende, dunkle, feuchte, weibliche Prinzip; aus der Verknüpfung beider sind alle Dinge hervorgegangen.«

Johann Jakob Bachofen: *Urreligion und antike Symbole.* Herausgegeben von Carl Albrecht Bernoulli, 3 Bände, Leipzig 1926.

Der spätromantische Mythologe Johann Jakob Bachofen selbst (*Das Mutterrecht*, 1861) wird nicht so sehr im *Mythus von Orient und Occident* studiert als vielmehr in der dreibändigen Auswahlausgabe von Carl Albrecht Bernoulli. Von dort bezieht Thomas Mann unter anderem die Deutung des Stiergottes Chapi als »Befreier der niederen Stände« und »Aufheber aller Unterschiede«, die Symbolik von Sumpf, Esel, Hund, Maus, Biber für die wahllose geschlechtliche Vermischung der mutterrechtlichen Zeiten (im Kapitel über die Geschwisterehe von Potiphars »heiligen Elterlein« Huij und Tuij) und zur Mythologie der Frau des Potiphar die so freudianisch klingenden Gedanken: »Mit der Mutter schläft jeder – weißt du das nicht? [...] Isis bin ich, die große Mutter, und trage die Geierhaube! Mut ist mein Muttername und du sollst mir den deinen nennen, holder Sohn, in süßer, zeugender Weltennacht.«[12]

Dmitri Mereschkowski: *Die Geheimnisse des Ostens.* Berlin 1924.

Den russischen Schriftsteller Dmitri Mereschkowski schätzte Thomas Mann als Vermittler und Interpreten des Werks von Tolstoi und Dostojewski schon seit längerer Zeit, als 1924, passend zum Joseph-Plan, dessen kulturhistorischer Versuch *Die Geheimnisse des Ostens* erschien – eine »welthistorische Geschichtsmystik«, bei der, so Eckhard Heftrich[13], bei lässigster Quellenangabe Bruchstücke ältester und neuester Weltliteratur dazu herhalten müssen, die alte Schwärmerbotschaft von den drei Testamenten und den drei Reichen zu verkünden, »und zwar mit der quasi Bachofenschen Variante, daß das dritte Reich des Geistes auch das der Mutter sein werde«. Wie Jeremias sieht auch Mereschkowski Gilgamesch, Tammuz, Osiris und Christus auf einer Linie. Viel fand Thomas Mann hier für seine Darstellung des Sexuellen – so das Verständnis der jüdischen Beschneidung als »Verlobung des Menschen mit Gott«[14] und die zum Judentum antithetische »Schamlosigkeit« der alten Ägypter. So streicht er sich den Satz an: »Da steigt Osiris aus dem Grabe, ganz in Mumienbinden gewickelt, mit erhobenem Phallus, der die Binden durchreißt, gleichsam ein ithyphallischer Lazarus.«[15]

Ägyptologische Fachliteratur

Den weitverstreuten Einfluß der großen ägyptologischen Quellen hat Alfred Grimm im einzelnen dokumentiert[16]. Es handelt sich vor allem um folgende Werke:

- Adolf Ermann: *Aegypten und aegyptisches Leben im Altertum.* Neu bearbeitet von Hermann Ranke. Tübingen 1923. Aus diesem Buche stammen bei weitem die meisten Einzelheiten der Beschreibung des Landes, seiner Bewohner, seiner Sitten und Bräuche.[17]
- Über Echnaton informierte Thomas Mann sich bei Arthur Weigall: *Echnaton. König von Ägypten und seine Zeit*, Basel 1923.
- Bei James Henry Breasted, *Geschichte Aegyptens,* Wien 1936, konnte Thomas Mann unter anderem den Sonnengesang des Echnaton finden[18], den er in blumige Prosa umgießt, um einen Zärtlichkeitsanfall des jungen Pharao vorzubereiten.
- Bei Georg Steindorff, *Die Blütezeit des Pharaonenreiches*, Bielefeld/Leipzig ²1926, stehen die Erzählungen über die Sphinx[19].
- Bei Alfred Wiedemann, *Das alte Ägypten*, Heidelberg 1920, und Aylward Manley Blackman, *Das hunderttorige Theben,* Leipzig 1926, fand der Dichter einiges über Freudensprünge und über das Neujahrsfest.[20]
- Als bedeutende Quelle für allerlei Sagen haben sich auch Herodots *Historien* erwiesen, die Thomas Mann über den Münchener Ägyptologen Wilhelm Spiegelberg bekannt wurden. Von Herodot stammen zum Beispiel die Geschichten über den Vogel Bennu und über den ägyptischen Brauch, »ihres Gottes Mannheit drei Ellen lang durch die Gassen« zu tragen.[21]

Arbeitstechnik

Thomas Mann arbeitete sehr gezielt. Was er brauchen konnte, strich er sich mit dem Bleistift an. In seinen Büchern angestrichene Stellen kann man in den meisten Fällen an irgendeiner Stelle des Romans wiederfinden, oft sogar mehr oder minder wörtlich. Vieles überträgt er auch in ein Notizenkonvolut.
Das Konvolut wird ergänzt durch Zufallsfunde aller Art – Bilder, Briefe, Artikel und Zeitungsausschnitte, was ihm die sechzehnjährige Produktionszeit so alles zutrug. Von systematischen wissenschaftlichen Recherchen kann keine Rede sein. Thomas Mann hatte freilich sein eigenes, ein künstlerisches System, das Beziehungen erschloß, die dem methodischen Blick der Wissenschaft unzugänglich bleiben mußten. Es filterte seine Erfahrungen so, daß es passieren ließ, was er brauchen konnte, und ausschied, was ihn störte. Einem alttestamentlichen Roman von Franz Werfel zum Beispiel verweigerte Thomas Mann die Lektüre, weil er die Arbeit am *Joseph* gestört hätte: »die Eindrücke, die ich mir erlauben darf, haben sich danach zu richten.«[22] Er spielt den Wissenschaftler, aber er weiß: »das Wissenschaftliche, angewandt auf das ganz Unwissenschaftliche und Märchenhafte ist pure Ironie.«[23]

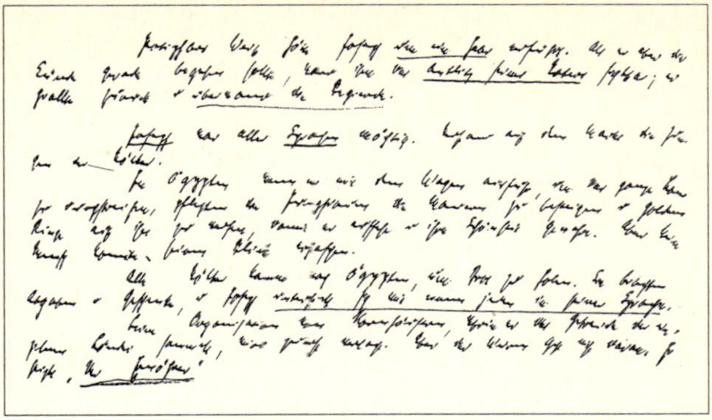

50 Teilstück eines Notizblatts mit Exzerpten.

Potiphars Weib hätte Joseph um ein Haar verführt. Als er aber die Sünde gerade begehen sollte, ward ihm das Antlitz seines Vaters sichtbar; er prallte zurück u. überwand die Begierde.
Joseph war aller Sprachen mächtig. Verstand auf dem Markt die Zungen der Völker.
In Ägypten, wenn er mit dem Wagen ausfuhr, um das ganze Land zu durchstreifen, pflegten die Jungfrauen die Mauern zu besteigen und goldene Ringe auf ihn zu werfen, damit er aufsehe u. ihre Schönheit gewahre. Aber kein Mensch konnte seinen Blick erhaschen.
Alle Völker kamen nach Ägypten, um Brot zu holen. Sie brachten Abgaben und Geschenke, u. Joseph unterhielt sich mit einem jeden in seiner Sprache.
Seine Organisation von Kornhäusern, worin er das Getreide der einzelnen Länder sammelte, wird zuerst verlacht. Aber der Wurm geht nicht daran. Er heißt »Der Ernährer«.

Die Sprache des Joseph-Romans

Die Quellen sind häufig trockene Wissenschaft, im Stil meistens glanzlos und unauffällig. Bei Thomas Mann beginnen sie zu funkeln. So viel er auch übernommen hat, so wenig wäre sein Verfahren mit dem Wort Diebstahl korrekt zu beschreiben. Erst durch die Art, wie er übernimmt, durch Tonschwankungen und kleine Zuspitzungen, durch Mehrdeutigkeiten und unsichtbare Gänsefüßchen schmeidigt er die Wissenschaft zur Dichtung. »Was den Charme seiner Prosa ausmacht und was ihr einen unvergleichlichen Reiz verleiht, was die einen entzückt und was freilich den anderen auf die Nerven geht«, wird man im *Joseph* in reichem Maße finden: »Thomas Manns makellose Gepflegtheit, seine elegante Umständlichkeit und Überlegenheit, seinen zärtlichen Spott und sein vielsagendes Augenzwinkern.«[24]
Im Joseph-Roman ist das hauptsächlich die Leistung jener Erzählerfigur, die als auktoriales Medium zwischen dem Dichter, dem Leser und dem Personal der Geschichte vermittelt. Thomas Mann kopiert nicht etwa irgendeinen altertümlichen Bibelton. Sein Erzähler ist ein Mann von heute. Er mischt Ausdrücke wie »Vapeurs«[25] oder »Lombardierung«[26] und andere moderne Redensarten mit dem uralt-epischen Sangeston und schafft so eine Ebene der ironischen Distanz zu der Welt, in der der Roman spielt. Als die Brüder überlegen, auf welche Weise Joseph am besten zu töten sei, verspottet der Erzähler die Kraftmeiereien des geraden Bruders Gad durch das preziöse Sätzchen: »Dieser [Gad] ersuchte um den Auftrag, ihm rasch mit dem Messer die Kehle zu durchschneiden.«[27] Die Ironie entsteht durch den Kontrast zwischen dem feinen Ton und dem barbarischen Inhalt.
Typisch für den auktorialen Erzähler ist die Leseranrede. Er nimmt den Leser an der Hand und führt ihn durch die Ge-

schichte, denn er hat Macht über sie. Er nimmt freilich auch seine Leser nicht völlig ernst. Er gibt vor, ihre »neuzeitliche Empfindlichkeit« schonen zu wollen, und diskutiert seine eigene Leserlenkung: »es liegt nicht in unseren Wünschen, daß der Leser endgültig mit den Jaakobssöhnen zerfalle.« Er schätzt seine Leser als staunend Neugierige ein, denen er als Wissender endlich Aufklärung zu bieten vermag über das, was die biblische Geschichte verschweigt. Er meint es durchaus gut mit seiner Gemeinde und ist besorgt um ihre Emotionen. »Nun seid ihr getröstet [...] über die Sonderart des Kerkermeisters«, äußert er zufrieden nach der Beschreibung Mai-Sachmes[28].

In der Regel unterhält sich beim auktorialen Erzählstil ein Erzähler mit seinen Lesern auf Kosten seiner Helden. Die Distanz zu diesen Helden ist denn auch im Joseph-Roman fast immer da, aber in verschiedenem Grade. Leute wie Schimeon und Levi begegnen fast immer der unverhohlenen Abneigung des Erzählers. Potiphar findet bei ihm Sympathie und Mitleid. Teje hat seine Achtung, über Echnaton macht er sich ein wenig lustig, ohne ihn geradezu demontieren zu wollen. Joseph ist das Objekt seines Interesses. Seine Erziehung verfolgt er mit Anteilnahme, spart aber auch bei ihm nicht mit Ironie. Besonders lächerlich macht sich Joseph, als er, sinnreich-anachronistische Sprüche auf den Lippen (»Der Letzte zur Schicht – der Erste zur Pflicht«), ins leere Haus zurückkehrt, angeblich um »nach dem Rechten zu sehen«[29], während er doch in Wirklichkeit am Narrenseil des Triebes hängt. Am wenigsten ironisch ist sein Verhältnis zu Mut-em-enet. Was sie betrifft, zeigt sich der Erzähler nicht selten ergriffen und tragisch erschüttert.

Eine besondere Liebe hat der Erzähler zu Jaakob. Manchmal sitzt er solidarisch mit ihm auf einer Bank. Um »uns Alten«, sagt er, noch einmal das Gefühl zu wecken, müßte schon etwas Besonderes kommen[30]. Er spricht ihn manchmal sinnend an. »Ach, frommer Alter!« tröstet er ihn, »Du wirst sehr alt werden müssen, um zu erfahren, daß [...] Trug und Wahn war auch dein bitterstes Leid.«[31]

Auch zu seinen Kollegen hat dieser Erzähler eine spielerische

Distanz. Er verspottet sie, wenn sie so tun, als könne man mit einem Sätzchen wie »Sieben Jahre vergingen« die Zeit überspringen. »Es ist wohl Erzählerart, leichthin so auszusagen«[32] – er wolle es hingegen genau machen. Das Gespräch Josephs mit Pharao zum Beispiel sei nun rekonstruiert, »wie es sich damals zu On in Unterägypten wirklich begeben«, es sei »von Anfang bis zu Ende, nach allen seinen Windungen, Wendungen und konversationellen Zwischenfällen wiederhergestellt und für immer in aller Genauigkeit festgehalten«[33]. Er zeigt sich als Wissenschaftler, der die Naivitäten und Lakonismen der Bibel »richtig« stellt. Er kommentiert, diskutiert und kritisiert seine Quellen (»Das alles ist Moschus und persisches Rosenwasser. Mit den Fakten hat es nicht das geringste zu tun.«[34]) Er tut auch einmal so, als hätte er das Spiel nicht in der Hand: »[...] offen gesteht der Erzähler hier seine Unsicherheit, da es nicht seine Art ist, Wissen vorzuspiegeln, wo er nicht wirklich genau Bescheid weiß.«[35]

Thomas Manns Anspruch ist es, nicht nur die Geschichte, sondern auch ihr Erzähltwerden zu erzählen. Die Grundlage des gesamten Verfahrens ist, daß das Erzählen sich selbst zum Thema macht. Das Wesen der Ironie ist die Selbstthematisierung der Kunst. Hier ist kein naiver Erzähler am Werk, sondern einer, der in jedem Augenblick weiß, daß er ein Spieler ist und eine Fiktion erschafft – daß er nicht Joseph erschafft, wie er wirklich gewesen, sondern eine Geschichte von ihm:

> Hundertmal ist sie erzählt worden und durch hundert Mittel der Erzählung gegangen. Hier nun und heute geht sie durch eines, worin sie gleichsam Selbstbesinnung gewinnt [...][36]

Filips von Zesen

Assenat;

das ist

Derselben/ und des

Josefs

Heilige

Stahts-, Lieb-, und Lebens-geschicht/

mit mehr als dreissig schönen Kupferstükken
gezieret.

Zu Amsterdam/

Bei/ und in verlegung Kristian von Hagen/
Kupferstecher/ im 1670 heiljahre.

51 Philipp von Zesen, ›Assenat‹, Amsterdam 1670, als Beispiel für eine der zahlreichen literarischen Versionen der Josephsgeschichte.

Zur Wirkungsgeschichte

Thomas Mann und die Mythosdebatte

Schon früh sieht sich Thomas Mann mit der Konzeption des Romans in Streitigkeiten verwickelt. Das Thema Mythos, von der Romantik begründet, von Nietzsche[1] fortgeführt, von Ludwig Klages[2] aktualisiert und von Alfred Rosenberg zur Tagesparole gemacht[3], schien trotz solcher Ausnahmen wie Ernst Blochs *Das Prinzip Hoffnung*[4] Wasser auf die Mühlen der antirepublikanischen Reaktion. Hier wollte Thomas Mann schon früh vorbeugen. In seinem Reise-Essay *Pariser Rechenschaft* findet sich eine Passage, die am Beispiel des Mutterrechtsforschers Johann Jakob Bachofen die reaktionäre Mythosauffassung zurückweist. Thomas Mann lobt dort die Einleitung, die der Philosoph Alfred Baeumler[5] zu einer Bachofen-Auswahl geschrieben hatte, als tiefe und prächtige Arbeit, fährt jedoch dann fort:

> Aber ob es eine gute und lebensfreundliche, eine pädagogische Tat ist, den Deutschen von heute all diese Nachtschwärmerei, diesen ganzen Joseph Görres-Komplex von Erde, Volk, Natur, Vergangenheit und Tod, einen revolutionären Obskurantismus, derb charakterisiert, in den Leib zu reden, mit der stillen Insinuation, dies alles sei wieder an der Tagesordnung, wir ständen wieder an diesem Punkt, es handle sich nicht sowohl um Geschichte als um Leben, Jugend und Zukunft – das ist die Frage, die beunruhigt.[6]

Es ist in der Bundesrepublik zeitweise üblich gewesen, Mythos mit antiaufklärerischer Reaktion gleichzusetzen. Man folgte damit einer linkshegelianischen Tradition. Ein solches Verdikt ist der Komplexität des Themas jedoch nicht angemessen. Die wissenschaftliche Beschäftigung mit Mythen setzt in der Aufklärungsepoche ein. Herder zum Beispiel glaubte, den Mythos der

Aufklärung dienstbar zu machen. Er suchte in den ältesten Urkunden des Menschengeschlechts nicht nach dem Urtümlichen, Primitiven oder gar Barbarischen, sondern nach der Würde und Bestimmung des Menschen.

Die Aufklärung konnte, weil ihr Wesen die Kritik ist, ihre positiven Ziele nicht in sich selber finden. So steht neben der kritischen Aufgabe, die sich als Entmythologisierung vollzieht, von Anfang an auch der Wunsch, die Kräfte, die aus dem Mythos fließen, der Aufklärung dienstbar zu machen, ohne sich deshalb der Unvernunft hinzugeben. Aus dieser Haltung heraus fordern dann die Frühromantiker Friedrich Schlegel und Novalis eine neue Mythologie und eine neue, synthetisch konstruierte Religion. Davon angeregt, kommt es im ersten Jahrzehnt des neunzehnten Jahrhunderts dann zu den großen Werken der romantischen Mythosforschung (von Friedrich Schlegel und Joseph Görres, Georg Friedrich Creuzer und Johann Arnold Kanne). Später folgen Jakob Grimm (*Deutsche Mythologie,* 1835) und Johann Jakob Bachofen (*Das Mutterrecht*, 1861). Persönlich wußten diese Autoren ihre mythologischen Interessen häufig noch mit einer fortschrittlichen Gesinnung zu vereinigen, wenngleich sich in der Spätromantik die Bücher mehren, die den Stand der Aufklärung hintergehen wollen und eine rückwärts gerichtete Remythisierung anstreben.

Die Ambivalenz des Mythischen zeigt besonders deutlich die Entwicklung Richard Wagners. Als Achtundvierziger konzipierte er den *Ring des Nibelungen* zunächst als romantisch-anarchistische Sozialutopie. In der Ausformung nach 1848 verliert der Mythos bei Wagner unter dem Einfluß der Schopenhauerschen Philosophie seine sozialrevolutionäre Kraft und wird zum Gegenpol alles bewußt geschichtsverbessernden Handelns.

Wagners Werk inspiriert das wichtigste Buch der zweiten Jahrhunderthälfte zum Thema Mythos: Friedrich Nietzsches *Geburt der Tragödie aus dem Geist der Musik* (1871). Hatte die romantische Mythosforschung die griechische Mythologie, die seit Winckelmann auf das Klassisch-Humane festgelegt schien, zugunsten der orientalischen und germanischen vernachlässigt, erstattet

Nietzsche dem griechischen Mythos das wilde und entsetzliche, das orgiastische, das lustvoll-entgrenzende, mit seinen Worten: das dionysische Element zurück und konfrontiert es dem apollinischen Prinzip als dem der Nüchternheit und der Form, des Traums und der Individuation. Die Schrift formuliert auf den letzten Seiten eine aus Wagners *Ring* gewonnene Erwartung:

> Glaube niemand, daß der deutsche Geist seine mythische Heimat auf ewig verloren habe, wenn er so deutlich noch die Vogelstimmen versteht, die von jener Heimat erzählen. Eines Tages wird er sich wach finden, in aller Morgenfrische eines ungeheuren Schlafes: dann wird er Drachen töten, die tückischen Zwerge vernichten und Brünnhilde erwecken – und Wotans Speer selbst wird seinen Weg nicht hemmen können!

Mit Nietzsche ist eine wichtige Voraussetzung für die spätere Aggressivität des Mythosbegriffs gegeben. Es ist der Gedanke des »neuen Mythos«, der Wiedergeburt der mythenzeugenden Kraft. Die Zeit der aufklärerischen Entmythologisierung war die Zeit des »ungeheuren Schlafes«. Die Anwendung folgt bald. Die Kriegserklärung von 1914 wird von vielen als das bei Nietzsche prognostizierte Erwachen verstanden. 1918 siegen noch einmal die »tückischen Zwerge«. Das Jahr 1933 bezeichnet in dieser Logik ein zweites Erwachen, den Anbruch der mythischen Heilszeit, das von Hitler als Messias begründete Dritte Reich.

Nietzsche-Exegeten sind fast alle, die im ersten Drittel des zwanzigsten Jahrhunderts vom Mythos handeln. Thomas Mann kannte die meisten, teils persönlich, teils von ihren Büchern her: Ernst Bertram und Oswald Spengler, Stefan George und Ludwig Klages, Alfred Baeumler und Alfred Rosenberg, Ernst Bloch und Karl Kerényi, C. G. Jung und Sigmund Freud. Das Thema Mythos ist, wie man an diesen Namen sieht, keineswegs spezifisch nationalsozialistisch. Die großen Werke der Mythosdiskussion sind fast alle vor 1933 entstanden. Das wichtigste Buch jener Jahre entsteht im Exil: die *Dialektik der Aufklärung* von Adorno und Horkheimer (erschienen 1947). Hier ergibt sich eine Umkehrung des gewohnten Bildes. Die faschistische Phase erscheint nicht mehr als irrationalistischer Mythos in der Tradition der Romantik, sondern als dialektische Konsequenz der Aufklärung, deren Entmythologisierungszwangsläufigkeit auch die Tugenden zerschlagen hat, ohne die die Aufklärung zur bloß rationellen Beherrschungstechnik verkommt. In ihr sind »Mythen« nur noch Ideologien, die von Propagandaabteilungen zielbewußt zur Lenkung der Massen eingesetzt werden.

Thomas Mann bejaht die auf Nietzsche zuführende romantische Forschung in einem gewissen Grade, lehnt aber die von Nietzsche ausgehenden Verkünder eines »neuen Mythos«, die er als Vorläufer des Nationalsozialismus interpretiert, ab. Diese Ablehnung ist eines Geistes mit Nietzsches späterer Selbstkritik anläßlich der zweiten Ausgabe der *Geburt der Tragödie*, eines Geistes also mit Nietzsches späterer Wagner-Kritik. Das Schlimmste sei, so schreibt Nietzsche 1886 in der Vorrede zur Neuausgabe, daß er auf Grund der Wagnerschen Musik vom deutschen Wesen gefabelt habe. In Wahrheit dankt der deutsche Geist gerade ab, und nicht neuer Mythos, sondern ein Narkotikum der Dekadenz ist Wagners Musik. In der Spur dieser Gedanken beurteilt Thomas Mann auch den Mythos der Faschisten als einen die Vernunft betäubenden irrationalistischen Rausch.

Insofern kann auch der Joseph-Roman im Schema Nietzsche contra Wagner gelesen werden. Die Mythostheoretiker nach Nietzsche ändern daran nichts Grundsätzliches mehr. Die eher Progressiven (zum Beispiel Freud oder Bloch) treten bestätigend in dieses Schema ein. Die eher Konservativen werden zwar in reichem Maße als Lieferanten von Details ausgewertet, verfallen aber im Grundsätzlichen der Nietzscheschen Kritik. Die Wirkung des Joseph-Romans ingesamt ist sicher eher eine intellektualistische und entmythologisierende als eine irrationalistische und remythisierende. Der Mythos soll ins Humane umfunktioniert werden, wie Thomas Mann am 7. 9. 1941 an Karl Kerényi schreibt. Er hat die Formel von Ernst Bloch[7]. Auch Bloch wollte den Mythos den Faschisten aus den Händen nehmen. Er soll nicht, wie bei C. G. Jung, das Opiat für eine unbefriedigte Gegenwart sein, sondern Vorschein der sozialistischen Revolution[8]. Unter dem Eindruck dieser Kritik Blochs wird C. G. Jung auch für Thomas Mann zur persona non grata, obgleich er seine Arbeiten für den Joseph-Roman benützt hat. Es ist eine der Wirkungen des Exils, daß der Dichter sich zu denjenigen Inspiratoren des Werkes, die mit dem Faschismus geliebäugelt hatten, nicht mehr öffentlich bekennen wollte (das gilt zum Beispiel für Jung, Baeumler oder Goldberg).

Zur Rezeption des Romans von 1933 bis 1945

Die Exilierung Thomas Manns machte eine Breitenwirkung in Deutschland unmöglich. Zwar versuchte der Verlag, zu Kompromissen gezwungen, das Buch den aktuellen Interessen anzudienen und es mit Wendungen wie der vom Epos der heldischen Ackerbauer den damaligen Machthabern erträglich zu machen.

THOMAS MANN
Joseph und seine Brüder

Soeben erschien

DER ERSTE ROMAN:
Die Geschichten Jaakobs

Thomas Mann tritt mit seinem lang erwarteten großen epischen Werk vor seine Gemeinde. In dem unruhigsten, in allen Grundvorstellungen erschütterten Jahrzehnt hat der Dichter mit einer Leidenschaft, die kein Genügen kennt, in steter Sammlung auf die ruhige Gelassenheit des Epikers, der deutend auf den unveränderlichen Grund der Dinge schaut, die Geschichte des biblischen Joseph als zeitloses Monument in die Gegenwart gehoben: ein heroisches Unterfangen. Es ist das Epos der heldischen und zugleich priesterlichen Ackerbauer und Staatengründer. Man dient und schafft auf der Scholle, und feiert im Herzen mit Göttern und Dämonen. Der Kreislauf der Sonnen- und Mondwelt ist Gesetz vot den Augen der Ackerbauer und Hirten, und in ihren inneren Gesichten erscheint in gleicher Unverrückbarkeit das Gesetz der himmlischen und höllischen Existenz. In diesem vielschichtigen Gemälde ist nichts mehr Legende, sondern in allen Gestalten, Vorgängen und Zusammenhängen

52 Verlagsprospekt 1933.

Aber die Auflagen blieben, gemessen an *Buddenbrooks* und *Zauberberg*, bescheiden. Mit der Ausbürgerung und dem Anschluß Österreichs verengte sich der deutschsprachige Markt weiter. Als Hauptverbreitungsgebiet war nur noch die Schweiz übriggeblieben.

Auch politisch betrachtet blieb Thomas Manns Roman lange heimatlos. Die Kritik kam aus den verschiedensten Lagern. Die nationalsozialistische Rezeption war selbstverständlich extrem negativ. Ein Anonymus spöttelte im *Schwarzen Korps* (erster und letzter Absatz):

> Dem vormals weithin gerühmten Verfasser zierlicher und umfangreicher Prosawerke, dem endgültig letzten deutschen

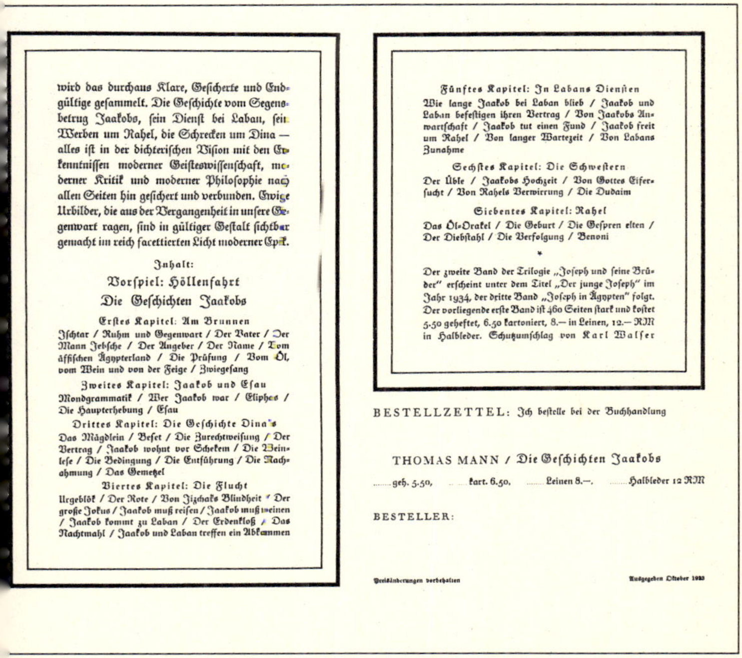

wird das durchaus Klare, Gesicherte und Endgültige gesammelt. Die Geschichte vom Segensbetrug Jaakobs, sein Dienst bei Laban, sein Werben um Rahel, die Schrecken um Dina — alles ist in der dichterischen Vision mit den Erkenntnissen moderner Geisteswissenschaft, moderner Kritik und moderner Philosophie nach allen Seiten hin gesichert und verbunden. Ewige Urbilder, die aus der Vergangenheit in unsere Gegenwart ragen, sind in gültiger Gestalt sichtbar gemacht im reich facettierten Licht moderner Epik.

Inhalt:

Vorspiel: Höllenfahrt

Die Geschichten Jaakobs

Erstes Kapitel: Am Brunnen

Ischtar / Ruhm und Gegenwart / Der Vater / Der Mann Jebsche / Der Angeber / Der Name / Vom äffischen Ägypterland / Die Prüfung / Vom Öl, vom Wein und von der Feige / Zwiegesang

Zweites Kapitel: Jaakob und Esau

Mondgrammatik / Wer Jaakob war / Eliphas / Die Haupterhebung / Esau

Drittes Kapitel: Die Geschichte Dina's

Das Mägdlein / Beset / Die Zurechtweisung / Der Vertrag / Jaakob wohnt vor Schekem / Die Weinlese / Die Bedingung / Die Entführung / Die Nachahmung / Das Gemetzel

Viertes Kapitel: Die Flucht

Urgeblök / Der Rote / Von Jizchaks Blindheit / Der große Jokus / Jaakob muß reisen / Jaakob muß weinen / Jaakob kommt zu Laban / Der Erdenkloß / Das Nachtmahl / Jaakob und Laban treffen ein Abkommen

Fünftes Kapitel: In Labans Diensten

Wie lange Jaakob bei Laban blieb / Jaakob und Laban befestigen ihren Vertrag / Von Jaakobs Anwartschaft / Jaakob tut einen Fund / Jaakob freit um Rahel / Von langer Wartezeit / Von Labans Zunahme

Sechstes Kapitel: Die Schwestern

Der Üble / Jaakobs Hochzeit / Von Gottes Eifersucht / Von Rahels Verwirrung / Die Dudaim

Siebentes Kapitel: Rahel

Das Öl-Orakel / Die Geburt / Die Gesprenkelten / Der Diebstahl / Die Verfolgung / Benoni

*

Der zweite Band der Trilogie „Joseph und seine Brüder" erscheint unter dem Titel „Der junge Joseph" im Jahr 1934, der dritte Band „Joseph in Ägypten" folgt. Der vorliegende erste Band ist 460 Seiten stark und kostet 5.50 geheftet, 6.50 kartoniert, 8.– in Leinen, 12.– RM in Halbleder. Schutzumschlag von Karl Walser

BESTELLZETTEL: Ich bestelle bei der Buchhandlung

THOMAS MANN / Die Geschichten Jaakobs

......geh. 5.50, ...kart. 6.50, ...Leinen 8.–, ...Halbleder 12 RM

BESTELLER:

Preisänderungen vorbehalten

Ausgegeben Oktober 1933

> Träger eines Nobelpreises für Literatur: Herrn Thomas Mann, seit 1933 jenseits der Grenzen befindlich, wurde jüngst die deutsche Staatsangehörigkeit abgesprochen. Er gilt damit für uns in gewisser Hinsicht als verstorben. [...]
> Das Ganze aber entsank in eine museale Schicht der Abgestorbenheit. Museal: diesen und jenen wird es immer noch sehenswürdig und auf jeden Fall hörenswert dünken, was da geboten wurde. Auch dieser und jener aber wird einräumen, daß die Verstorbenheit unseres Toten weder im Tempus des fortwirkenden Imperfekts sich hält noch auch in dem des monumental vollendeten Perfekts und vielmehr in dem einzigen eines sagenhaften Verschellens, des Mehr-als-Verflossenen, des Plusquamperfekts. Wer war Thomas Mann? Er war einmal...[9]

Weniger selbstverständlich ist, daß auch die Kommunisten zunächst nichts von dem Buch wissen wollten, es als irrationalistisch und dekadent brandmarkten, ganz ähnlich wie die Nazis, und die unglaublichsten Schmähungen gegen es ausstießen. Alfred Kurella sah sich in dem Aufsatz *Die Dekadenz Thomas Manns*[10] zu Sätzen wie den folgenden veranlaßt (Auszüge):

> Aber das Resultat seiner Bemühungen ist niederschmetternd: Infolge der Mittel, deren Thomas Mann sich bedient hat, um einen Beitrag zur Erhellung der Anfangsgründe des Menschlichen, seiner Geschichte und seiner Gesittung zu geben, ist dieser Roman, krass gesprochen, ein Beitrag zur Rückführung des deutschen Volkes in die Barbarei geworden. Indem sich Thomas Mann mystischer Einfühlung und der zweifelhaften Ergebnisse einer wahrscheinlichen Afterwissenschaft bediente, ist er zu Resultaten über das Wesen des Menschen gekommen, die niemand anderem dienen können als Herrn Goebbels und seinem Propagandaministerium. [...]
> Man schämt sich fast, aus derselben Kultur hervorgegangen zu sein wie dieser Dichter, der Deutschland weithin repräsentiert. [...]

> Auch ohne den Umstand, daß sein Buch jetzt bei dem gleichgeschalteten und von einem SA-Führer kontrollierten Verlag S. Fischer in Berlin erscheinen konnte, hat sich Thomas Mann als ein Baumeister an einer Ideenwelt erwiesen, deren pestartige Ausbreitung im Lande der Dichter und Denker Hitler möglich gemacht hat. [...]
> Das ist Geist vom Geiste der Henker Deutschlands. [...]

Die Tonart änderte sich abrupt, als im Zuge der Volksfrontpolitik das Bündnis mit den linksbürgerlichen Autoren gesucht wurde. Auch Kurella schrieb nun folgsam Lobendes.[11] Zwar hat sich Thomas Mann trotz vielfältiger Kontakte nie wirklich mit den Kommunisten einlassen wollen, aber das amerikanische FBI sah sich dennoch genötigt, wie einst um 1933 herum die Münchener Politische Polizei, eine Akte über ihn anzulegen. Man hält ihn dort eindeutig für kommunistisch beeinflußt und argumentiert kaum sorgfältiger als Reinhard Heydrich, der Thomas Mann als Marxisten identifizieren zu können geglaubt hatte (s. Seiten 136/137).
Die Atmosphäre des Kalten Krieges veranlaßte Thomas Mann, die Vereinigten Staaten wieder zu verlassen und die letzten Lebensjahre in der Schweiz zuzubringen, wo er 1955 als Achtzigjähriger starb.

JOHN EDGAR HOOVER
DIRECTOR

Federal Bureau of Investigation
United States Department of Justice
Washington, D. C.

█████:djw

May 5, 1942

Mr. Tolson
Mr. E. A. Tamm
Mr. Clegg
Mr. Glavin
Mr. Ladd
Mr. Nichols
Mr. Tracy
Mr. Rosen
Mr. Carson
Mr. Coffey
Mr. Hendon
Mr. Holloman
Mr. Quinn Tamm
Mr. Nease
Tele. Room
Mr. Nease
Miss Beahm
Miss Gandy

MEMORANDUM FOR MR. LADD

RE: APPEALS BOARD—
VISA CONTROL—
█████
Visa Applicant

During the tenure of service of the Appeals Board, consisting of █████ and █████ I have observed rather closely the decisions of such board, many of which seem to me to be liberal to the point of danger and unable to be justified in view of the present war emergency.

I wish to bring to your attention the action of the Appeals Board in the case of █████ which I regard as the outstanding example, to date, of the lack of responsibility shown by such board.

The case of █████ applicants for immigration visas, was presented to Primary Committee No. 2 on November 1, 1941, at which time the case was unanimously disapproved. The Bureau had furnished information, from a number of sources, indicating the Communistic background and activities of the applicant and sponsor, Thomas Mann. This case was presented to Review Committee C on April 1, 1942, at which time it was again unanimously disapproved for the reason that the committee, with the exception of the Immigration Service representative, concluded that the applicant unquestionably was Communistically inclined. The committee further took into consideration the derogatory information in the files of the Intelligence Agencies indicating that the sponsors were Communists or fellow travelers. On April 23, 1942, the Board of Appeals reversed the opinion of the Primary and Review Committees and entered a favorable recommendation. A pertinent portion of its opinion is quoted:

RECORDED & INDEXED

"The male applicant is a well-known author. He is sponsored by Thomas Mann and █████ Both sponsors firmly declare the applicant's political beliefs are neither pro-Nazi nor pro-Communist but are strictly Democratic. Needless to say, the sponsorship is of the highest type. By reason of his abilities applicant may well be a very useful person in the United States. His opposition to Nazism is clear. He may thus be wisely and safely admitted into the United States."

█████ is a Polish national and his wife an enemy alien, having been born in Germany. The applicant and his wife are presently in the United States, coming here in 1940.

RECORDED COPY FILED IN

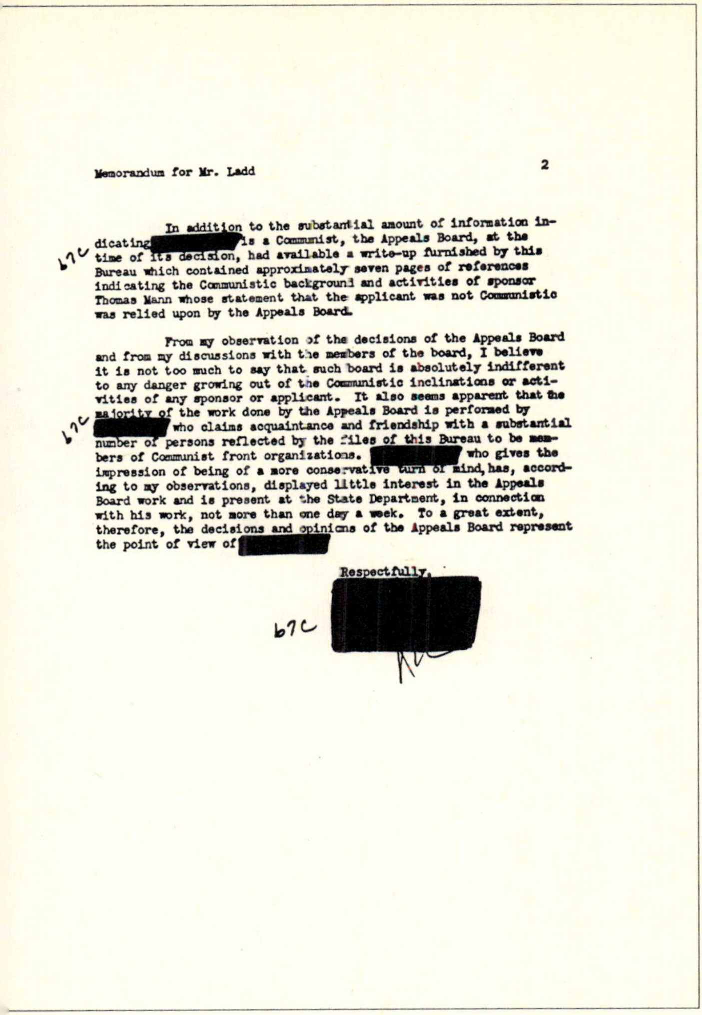

Memorandum for Mr. Ladd 2

In addition to the substantial amount of information indicating is a Communist, the Appeals Board, at the time of its decision, had available a write-up furnished by this Bureau which contained approximately seven pages of references indicating the Communistic background and activities of sponsor Thomas Mann whose statement that the applicant was not Communistic was relied upon by the Appeals Board.

From my observation of the decisions of the Appeals Board and from my discussions with the members of the board, I believe it is not too much to say that such board is absolutely indifferent to any danger growing out of the Communistic inclinations or activities of any sponsor or applicant. It also seems apparent that the majority of the work done by the Appeals Board is performed by who claims acquaintance and friendship with a substantial number of persons reflected by the files of this Bureau to be members of Communist front organizations. who gives the impression of being of a more conservative turn of mind, has, according to my observations, displayed little interest in the Appeals Board work and is present at the State Department, in connection with his work, not more than one day a week. To a great extent, therefore, the decisions and opinions of the Appeals Board represent the point of view of

Respectfully,

53 Kopie aus der FBI-Akte über Thomas Mann.[12]

Von 1945 bis zur Gegenwart

Die Wirkungsgeschichte des *Joseph*-Romans war infolge der politischen Umstände lange Zeit beeinträchtigt. Er hat in Deutschland trotz vieler Versuche nur sehr allmählich eine weitere Verbreitung gefunden – durch die erste (dreibändige) Nachkriegsausgabe von 1948, die zweite (zweibändige) von 1952, dann die einbändige Sonderausgabe von 1964 und ferner innerhalb der großen Werkausgaben in Ost und West (1955, 1960, 1967, 1974, 1983). Inzwischen liegt auch eine schöne Taschenbuchneuausgabe in vier Einzelbänden vor (1991).

Die relativ große Zahl der Ausgaben sollte nicht darüber hinwegtäuschen, daß eine verbreitete Ratlosigkeit gegenüber dem Roman in Ost und West das Bild bestimmt.[13] Alles in allem betrachtet ist die literarische Kritik weder reichhaltig noch von zureichendem Niveau. Obgleich das Werk Thomas Manns in der DDR gefördert wurde, war es doch schwierig, das biblische Werk in die sozialistische Programmatik einzupassen. Im Westen beherrschten zunächst die Kirchen das ideologische Vakuum nach dem Ende des Dritten Reiches. Die christlichen Stimmen lehnen den Roman mehrheitlich ab, weil sie ihn als Zersetzung des Glaubens empfinden. Freilich hat der Roman unter den intelligenteren Theologen immer auch eine kleine, aber doch ziemlich konstante Zahl von Freunden gehabt. Auch die literaturwissenschaftliche Rezeption wird, wenn man absieht von Käte Hamburgers lange bestimmendem Buch (*Thomas Manns Roman ›Joseph und seine Brüder‹*, zuerst Stockholm 1945), erst im Laufe der sechziger Jahre allmählich etwas breiter, bleibt aber immer weit hinter dem Interesse an *Buddenbrooks, Zauberberg* und *Doktor Faustus* zurück. Die Erkenntnis, daß der Joseph-Roman Thomas Manns eigentliches Hauptwerk ist, hat sich bis heute noch nicht durchgesetzt.

Das kann freilich vor der Tür stehen. Der Roman macht dem postmodernen Zeitgeist viele attraktive Angebote. Er ist, dies allerdings mit größter Virtuosität, traditionell erzählt, im Gegensatz zu den esoterischen Formexperimenten der klassischen Moderne. Versteht man unter Postmoderne jenen fröhlichen Nihilismus, der von festen Weltanschauungssystemen Abschied genommen hat, um statt dessen historistisch, parodistisch und theatralisch mit den Bestandteilen der überlieferten Systeme zu spielen, dann weist der Joseph-Roman eine solcherart interessierte Lektüre nicht ab. Er bietet eine intelligente ästhetische Unterhaltung mit Mythen und Zitaten, einen Seiltanz über dem Abgrund des Nihilismus.

Die Manuskripte des Joseph-Romans

Thomas Mann hat alle seine dichterischen und essayistischen Arbeiten mit der Hand geschrieben. Die Schreibmaschine wurde nur gelegentlich, meistens für diktierte Briefe, benützt. Er schrieb die in seiner Jugendzeit übliche deutsche Schrift, mit kleinen Eigenheiten und einer sehr engen Buchstabenfolge, so daß eine Handschriftenseite sehr viel Text enthält. Die *Joseph*-Handschrift hat nicht viel mehr Seiten als die gedruckten Ausgaben. Der dritte Roman, *Joseph in Ägypten*, der in der Erstausgabe 756 Druckseiten zählt, hat zum Beispiel als Manuskript nur 844 einseitig beschriebene Blätter, obwohl die Handschrift sehr viele auch längere Streichungen und Korrekturen enthält. Da das Manuskript in einigen Fällen vom gedruckten Text abweicht, ist damit zu rechnen, daß Thomas Mann noch bei der Fahnenkorrektur kleinere Änderungen vornahm. Eine genaue textkritische Untersuchung des *Joseph*-Manuskripts gibt es bisher nicht; sie dürfte manche Überraschung bereit halten.

»Es bleibt ewig schade, daß die vier Joseph-Bände nicht beieinander sind«, schrieb Katia Mann in einem Brief 1958[14]. Wie kam das? Die große Politik wirkte sich beiläufig auch auf die Geschicke des Manuskripts aus. Als der Thomas-Mann-Verehrer Joseph W. Angell dem Dichter im Jahre 1937 vorschlug, in Yale ein Thomas-Mann-Archiv zu gründen, fühlte sich dieser sehr angesprochen. »Briefe wie den seinen empfing Goethe – ich schiele«, notiert er geschmeichelt im Tagebuch.[15] Er stimmt den Plänen Angells zu, will vieles geben und vermitteln, hat aber Vorbehalte, was die großen Manuskripte betrifft. Er schreibt an Angell am 4. März 1937:

> Dagegen mache ich mir doch einige Skrupel, die Manuskripte meiner großen Romane (Buddenbrooks, Königliche Hoheit, Zauberberg und Joseph in Aegypten) alles in eigener Handschrift vorliegend, einfach wegzugeben und frage mich, ob ich dies den Meinen gegenüber verantworten könnte. Ich muss mir sagen, dass diese viele Tausend Seiten umfassende Manuskriptmasse doch einen gewissen Wert darstellt, über den ich, nachdem ich meiner politischen Überzeugung fast mein ganzes Vermögen geopfert habe, unter den heutigen Umständen und als Haupt einer zahlreichen Familie nicht so ohne weiteres verfügen darf.

Die Manuskripte von *Buddenbrooks* und *Zauberberg* waren damals noch bei Thomas Manns Rechtsanwalt in München verwahrt. Sie sind mit vielen anderen Autographen im Laufe des Krieges verschollen. Die Handschriften der *Geschichten Jaakobs* und des *Jungen Joseph* waren zur Zeit der Exilierung Manns in Händen des S. Fischer Verlags beziehungsweise des Londoner Verlegers Martin Secker[16]. Das Manuskript von *Joseph in Ägypten* hatte, so weit es bis dahin fertig war[17], die Tochter Erika Mann im März 1933 aus München gerettet und in die Schweiz gebracht.[18]
Angell hätte in Yale gern das *Zauberberg*-Manuskript gehabt. Thomas Mann bietet ihm als Ersatz die bis dahin fertigen *Joseph*-Teile an. Ein Sponsor findet sich, das Paket mit den *Geschichten Jaakobs*, dem *Jungen Joseph* und anderen Handschriften geht ab. Im März 1938 bestätigt Thomas Mann den Empfang eines Schecks in ungenannter Höhe. Er erwähnt, daß als Preis für das *Zauberberg*-Manuskript, falls es aus Deutschland herauszubringen wäre, 5000 Dollar verabredet waren. In ähnlicher Höhe dürfte Thomas Mann damals den Wert der *Joseph*-Manuskripte eingeschätzt haben. Der heutige Wert läge sicher nicht unter einer Million.
Das Verhältnis zu Yale blieb ungetrübt bis Anfang 1951. Die Yale Library wolle alles, überhaupt alles von ihm erwerben, schrieb Thomas Mann noch am 21. Dezember 1950 an seine

Tochter Monika. Doch plötzlich ergab sich eine Wende. Einer der wichtigsten Mäzene der Bibliothek glaubte im Zuge des Kalten Krieges Thomas Mann für einen Kommunisten halten zu sollen (im Einklang mit dem FBI) und verlangte, daß kein Werk dieses Autors mehr gekauft werden dürfte. Auch Joseph W. Angell, seit 1951 wieder Offizier der Air Force und später ein angesehener Militärhistoriker, zog sich aus ähnlichen Gründen von dem deutschen Autor zurück. So kam die Sammeltätigkeit der Yale Collection zum Stillstand. Thomas Mann fühlte sich verraten. Versuche, nach seinem Tod Nachlaßbestände für Yale zu erwerben, wurden durch die Stiftung des Nachlasses an die Schweizerische Eidgenossenschaft und die Errichtung des Thomas-Mann-Archivs in Zürich gegenstandslos. Zusammen mit dem größten Teil des Nachlasses gerieten auch die Manuskripte zu *Joseph in Ägypten* und *Joseph der Ernährer* nach Zürich, wo sie bis heute aufbewahrt werden.

54 Zwei Seiten aus der Handschrift des Romans am Anfang des Kapitels ›Das Antlitz des Vaters‹, wo Joseph zu Mut-em-enet über die Schwelle tritt und kurz darauf unter Hinterlassung seines Obergewandes flieht.

[s. Seiten 179 und 180]

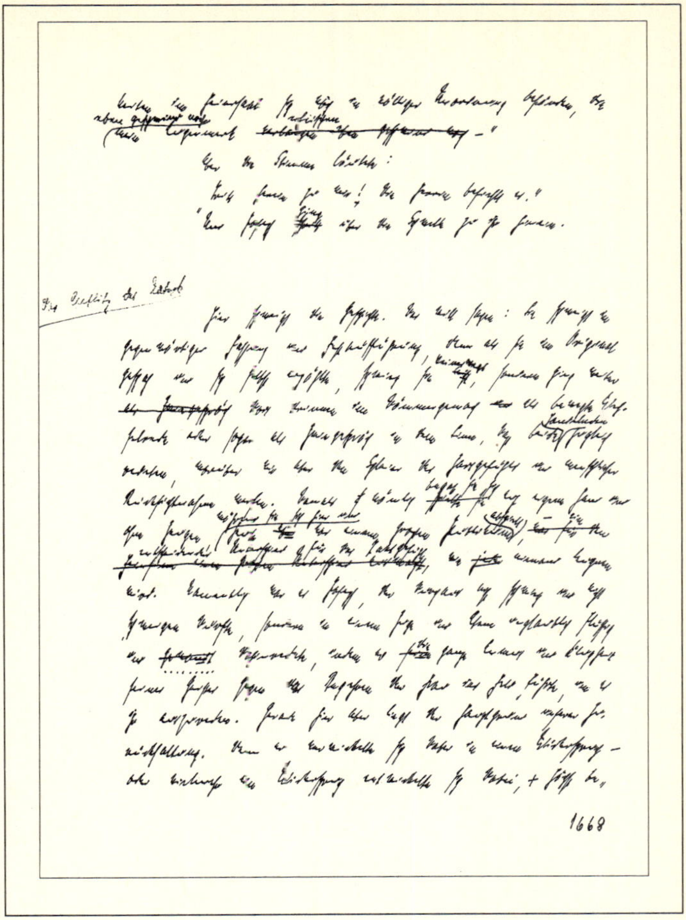

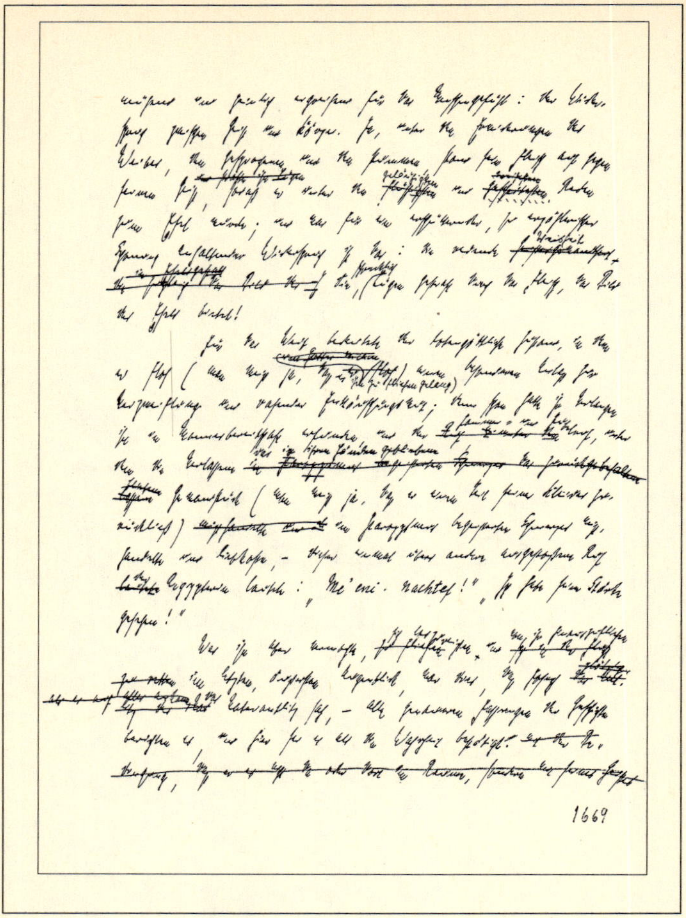
1669

Anmerkungen

Prolog. Führer und Wanderer

1 GW VIII, 464–467.

2 Alle Zitate im Kapitel *Jaakob muß weinen*, GW IV, 221.

3 Am 20. 2. 1934 (Thomas Mann – Karl Kerényi: *Gespräch in Briefen*, Zürich 1960). Diesen Brief und das Hermes-Mythologem analysiert Hans Wysling in *Narzißmus und illusionäre Existenzform*, Bern / München 1982, 238–253.

4 Dies und die folgenden Zitate *Der Üble*, GW IV, 288–291.

5 *Die Hündin*, GW V, 1227–1238.

6 *Das Antlitz des Vaters*, GW V, 1265.

7 So Alfred Baeumler in der Einleitung zu einer Auswahl aus den Schriften von Johann Jakob Bachofen, die Thomas Mann benützt hat (*Der Mythus von Orient und Occident*, München 1926, S. CCXCI). Diese symbolischen Hunde hat der Hundeliebhaber Thomas Mann schon früh bekämpft. Es sei »ein langsames, behutsames Schwächen und Abdorrenlassen des Triebes nötig«, schreibt der Einundzwanzigjährige an seinen Freund Otto Grautoff (am 17. 2. 1896), um mit der Zeit »die Hunde im Souterrain« an die Kette zu bringen (*Briefe an Otto Grautoff und Ida Boy-Ed*, Frankfurt 1975). Die Wendung hat er aus Nietzsches Abhandlung *Was bedeuten asketische Ideale?* (8. Abschnitt); die Ruhe im Souterrain ist für Nietzsche eine Grundbedingung des philosophischen Genies. Der Geist verlangt Askese, um des Werkes willen. Ein verheirateter Philosoph gehöre in die Komödie.

8 Mit Schopenhauer erklärt sich Thomas Mann auch die Psychoanalyse Sigmund Freuds. »Freuds Beschreibung aber des ›Es‹ und ›Ich‹ – ist sie nicht aufs Haar die Beschreibung von Schopenhauers »Wille« und »Intellekt«, – eine Übersetzung seiner Metaphysik ins Psychologische?« (*Freud und die Zukunft*, GW IX, 487).

9 *Der Üble*, GW IV, 291.

10 Die folgenden Zitate aus *Der Mann auf dem Felde*, GW IV, 536–540.

11 Vgl. Gen 32, 24–32; *Der Name*, GW IV, 95 f.

12 *Der Mann auf dem Felde*, GW IV, 545.

13 *Der Mann auf dem Felde*, GW IV, 536 f.

14 Mk 16, 1–8.

15 *Ruben kommt zur Höhle*, GW IV, 618; vgl. Jo 12, 24.
16 *Vom schelmischen Diener*, GW V, 1758.
17 Ebd.
18 *Höllenfahrt* 4, GW IV, 27.
19 *Höllenfahrt* 10, GW IV, 52.
20 *Pharao weissagt*, GW V, 1444.
21 *Joseph erwägt diese Dinge*, GW IV, 875; *Die Hündin*, GW V, 1230.
22 *Vom äffischen Ägypterland*, GW IV, 102. Ein Hirt und Mondmann, kein Sonnen- und Ackersmann wird Jaakob auch im Kapitel *Von Labans Zunahme* genannt (GW IV, 279).
23 *Tagebücher 1933–1934*, Frankfurt 1977, 258.
24 GW XII, 852.
25 GW IX, 534f.

Zum Begriff »Mythos«

1 *Eliphas*, GW IV, 135.
2 *Der Verkauf*, GW IV, 611; vgl. Mt 26, 15.
3 *Mondgrammatik*, GW IV, 122.
4 Es »würde dennoch, dachte Joseph im Grabe, das Blut des Tieres angenommen werden wie einst für das Blut des Sohnes«. (*In der Höhle*, GW IV, 585).
5 *Die Prüfung*, GW IV, 106.
6 *Urgeblök*, GW IV, 185f.

Der Joseph-Roman im Überblick

1 *Die Geschichten Jaakobs*, Fünftes Hauptstück.
2 *Der junge Joseph*, Fünftes und Sechstes Hauptstück.
3 *Joseph in Ägypten*, Erstes bis Drittes Hauptstück.
4 *Joseph, der Ernährer*, Zweites und Drittes Hauptstück.
5 *Höllenfahrt* 10, GW IV, 54.
6 *Höllenfahrt*, Kapitel 1–4.
7 Kapitel 5, GW IV, 32.
8 Kapitel 6.
9 Kapitel 7, GW IV, 38.
10 Kapitel 8, dort auch die folgenden Zitate.
11 Kapitel 9, GW IV, 49.
12 GW IV, 53.
13 Kapitel 5, GW IV, 32.
14 Kapitel 10, GW IV, 54.
15 *Wer Jaakob war*, GW IV, 124, nach Gen 20.

16 *Der große Jokus*, nach Gen 27.
17 *Die Haupterhebung*, GW IV, 140.
18 *Die Haupterhebung*, nach Gen 28, 10–22.
19 Das folgende wird im vierten bis siebten Hauptstück erzählt und entspricht in *Genesis* den Kapiteln 29, 30 und 31.
20 *Das Öl-Orakel*, GW IV, 335 f.
21 Wie, aus der Chronologie herausfallend, bereits im Kapitel *Esau* des zweiten Hauptstücks erzählt wird, nach Gen 32 und 33.
22 Im dritten Hauptstück, entsprechend Gen 34.
23 Vgl. *Benoni*, GW IV, 380.
24 *Benoni*, GW IV, 388.
25 *Die Weinlese*, GW IV, 168.
26 Wichtig sind daraus unter anderem die Zahlenlehren im Kapitel *Der Unterricht*, die Geschichten von Abraham, der Gott »erschaut und hervorgedacht« hatte (*Wie Abraham Gott entdeckte*, GW IV, 428), und die babylonisch-christlich-hellenistische Mythenmixtur, mit der sich Joseph seinem Bruder Benjamin als Adonis, Tammuz und Christus präsentiert (*Der Adonishain*).
27 Gen 39, 6 und 37, 3.
28 Gen 37, 6 f.
29 *Der Geläufige*, GW IV, 485.
30 Gen 37, 9.
31 *Von Lamech und seiner Strieme*, GW IV, 549.
32 *In der Höhle*, GW IV, 583.
33 Joseph regrediert in der Brunnengrube zum Säugling; »er kam nackt und besudelt aus der Tiefe wie aus Mutterleib und ist gleichsam zweimal geboren« (*Die Ismaeliter*, GW IV, 594).
34 Die Vorstellung »der Verdunkelung und des Hinabsinkens des Sohnes, dem zur Wohnung die Unterwelt wird, schloß diejenige ein von Wiedererscheinen, Neulicht und Auferstehung« (*In der Höhle*, GW IV, 584).
35 *Jaakob trägt Leid um Joseph*, GW IV, 634, nach Hiob 2, 8.
36 Ebd. GW IV, 645.
37 Ebd. GW IV, 647.
38 »Möge die Nacht dich in sanften Armen wiegen und dein Haupt entschlummern an ihrer Brust, friedesüß, wie dein Kinderhaupt einst am Herzen der Mutter!« (*Nachtgespräch*, GW IV, 693).
39 *Das lehrhafte On*, GW IV, 732.
40 *Das Haus des Gewickelten*, GW IV, 748.
41 *Die Feste Zel*, GW IV, 712 f.
42 *Joseph erwägt diese Dinge*, GW IV, 875.
43 *Huij und Tuij*, GW IV, 867.
44 Eckhard Heftrich sieht in dem Zwergenpaar außerdem eine Wiederholung von Mime und Alberich aus Wagners *Ring*, sowie biographische

Beziehungen zu Theodor Lessing und Samuel Lublinski, dem »bösen« und dem »guten« Juden (*Potiphars Weib im Lichte von Wagner und Freud*, in: *Thomas-Mann-Jahrbuch* 4, 1991, S. 58–74, hier S. 60 und S. 73).

45 Der Erzähler bekundet seinen Schrecken »vor der abkürzenden Kargheit einer Berichterstattung, welche der bitteren Minuziosität des Lebens so wenig gerecht wird«, und erklärt, daß es sich keineswegs um einen der Frau naheliegenden »Antrag von liederlicher Direktheit« gehandelt habe, sondern »um einen späten Schrei aus letzter Seelen- und Fleischesnot« (*Das Wort der Verkennung*, GW V, 1004).

46 *Von Josephs Keuschheit*, GW V, 1146.

47 *Das Antlitz des Vaters*, GW V, 1259.

48 *Vorspiel in Oberen Rängen*, GW V, 1281.

49 Ebd. GW V, 1279.

50 Ebd. GW V, 1283.

51 *»Ich glaub' nicht dran!«* GW V, 1455.

52 *Die Träume des* Pharao, GW V, 1392.

53 *Pharao weissagt*, GW V, 1443 f.

54 *Zanket nicht!*, GW V, 1686 f.

55 *»Nicht durch uns!«*, GW V, 1564.

56 *Der Gewaltige Zug*, GW V, 1822.

Die Hauptpersonen und ihre Beziehungen

1 *Höllenfahrt* 1, GW IV, 11.

2 Ebd. GW IV, 13.

3 *Wie Abraham Gott entdeckte*, GW IV, 425.

4 Der Erzähler diskutiert dies im Kapitel *Wer Jaakob war*, GW IV, 123–127.

5 *Der Rote*, GW IV, 193.

6 Wie sie zum Beispiel aus Gal 4, 22–29 hervorgeht, wo Paulus dem Ismael das Alte Testament, dem Isaak aber das Neue Testament zuordnet und die Christen als Isaakskinder identifiziert. »Denn es steht geschrieben, daß Abraham zwei Söhne hatte, einen von der Magd, den andern von der Freien. Aber der von der Magd war, ist nach dem Fleisch geboren; der aber von der Freien ist durch die Verheißung geboren.«

7 *Wer Jaakob war*, GW IV, 130.

8 Ebd.

9 *Der Unterricht*, GW IV, 399–409.

10 Nach *Höllenfahrt* 2, GW IV, 15.

11 *Von Jizchaks Blindheit*, GW IV, 200.

12 *Die Prüfung*, GW IV, 105.

13 *Das Antlitz des Vaters*, GW V, 1259.

14 Im *Doktor Faustus* werden, anläßlich einer Überlegung zu Adrians La-

chen, Cham Beziehungen zum Teufel nachgesagt, einer Überlieferung aus Augustins *De civitate Dei* folgend, die dahin lautet, »daß Cham, der Sohn des Noah und Vater Zoroasters, des Magiers, der einzige Mensch gewesen sei, der bei seiner Geburt gelacht habe, was nur mit Hilfe des Teufels habe geschehen können« (Kapitel X, GW VI, 116).

15 *Jaakob erwägt diese Dinge*, GW IV, 874.

16 *Das Nachtmahl*, GW IV, 236.

17 *Die Dudaim*, GW IV, 331.

18 *Der Diebstahl*, GW IV, 363.

19 Vgl. Hld 4 mit *Von Labans Zunahme*, GW IV, 277. Näheres dazu schreibt Doris Runge: *Frauen im Josephsroman* (voraussichtlich in *Thomas-Mann-Jahrbuch* 6, 1993).

20 Es gibt dafür mehrere Belege. Thomas Mann bezeichnet zum Beispiel im Tagebuch vom 30.7.1933 die Beziehung von Rahel und Jaakob als idealisierte Darstellung seiner Lebensgemeinschaft mit Katia Mann.

21 *Jaakob kommt zu Laban*, GW IV, 227f.

22 Vgl. Peter de Mendelssohn, *Der Zauberer. Das Leben des deutschen Schriftstellers Thomas Mann*, Frankfurt 1975, S. 660f., und Thomas Manns Brief an den Bruder Heinrich vom 20.11.1905: »Die Geburt war wider Erwarten ganz schrecklich schwer, und meine arme Katja hat so grausam leiden müssen, daß es ein Gräuel war und kaum auszustehen. Ich werde den Tag all meiner übrigen Lebtage nicht vergessen. Ich hatte einen Begriff vom Leben und einen vom Tode, aber was das ist: die Geburt, das wußte ich noch nicht. Nun weiß ich, daß es eine ebenso tiefe Angelegenheit ist, wie die beiden anderen. Gleich danach war dann alles Idyll und Frieden (das Gegenstück zum Frieden nach dem Todeskampf), und das Kind an der Brust der Mutter zu sehen, die selbst noch wie ein holdes Kind wirkte, war ein Anblick, der die Foltergräuel der Geburt (die im Ganzen fast vierzig Stunden gedauert hatte) nachträglich verklärte und heilig sprach.«

23 *Das Nachtmahl*, GW IV, 237.

24 *Die Gesprenkelten*, GW IV, 357.

25 *Von Gottes Eifersucht*, GW IV, 316.

26 *Von der Schönheit*, GW IV, 395.

27 *Das erste Jahr*, GW V, 1114. Näheres dazu bei Eckhard Heftrich: *Potiphars Weib im Lichte von Wagner und Freud*, in: *Thomas-Mann-Jahrbuch* 4, 1991, S. 60–62. Das Gedicht an Paul Ehrenberg steht in zwei Teilen im 7. Notizbuch (1901) und lautet im Zusammenhang:

Dies sind die Tage des lebendigen Fühlens!
Du hast mein Leben reich gemacht. Es blüht – –
O horch, Musik! – – An meinem Ohr
Weht wonnevoll ein Schauer hin von Klang –
Ich danke dir, mein Heil! mein Glück! mein Stern! –

Was war so lang? –
Erstarrung, Öde, Eis. Und Geist! Und Kunst!
Hier ist mein Herz, und hier ist meine Hand
Ich liebe Dich! Mein Gott... Ich liebe Dich!
Ist es so schön, so süß, so hold, ein Mensch zu sein?

(*Notizbücher 7–14*, herausgegeben von Hans Wysling und Yvonne Schmidlin, Frankfurt 1992, S. 44 und S. 46).

28 *Der versunkene Schatz*, GW V, 1496; Mut bzw. das Tagebuch zitieren ihrerseits einen von Schubert vertonten Schiller-Vers aus *Des Mädchens Klage*: »Ich habe gelebt und geliebet!«

29 *Von der Schönheit*, GW IV, 394.

30 Vielleicht gab es fürs Äußere eine Inspiration durch die Gestalt jenes »schönen Vierzehnjährigen spanischen Geblüts«, den Monika und Golo Mann in diesem Zusammenhang erwähnen (vgl. Hans Wysling in der Einführung zu *Bild und Text bei Thomas Mann*, Bern/München 1975, S. 12).

31 *Die Öffnung der Augen*, GW V, 1018f. Thomas Mann hatte sich bei Steindorff ferner die folgende Passage angestrichen (S. 92): »Hierbei möge man sich vergegenwärtigen, daß nach der Vertreibung der Hyksos der größte Teil des ägyptischen Grund und Bodens Eigentum des Pharao, d.h. des Staates war, und daß ungefähr diejenigen Besitzverhältnisse herrschten, die uns im ersten Buch Mose, als von Joseph während einer Hungersnot eingeführt, geschildert werden [...] Mit der Einziehung der zu entrichtenden Beträge für Feldfrüchte waren bestimmte Beamte beauftragt, und über diesen stand der ›Vorsteher der Scheunen‹ [...]«

32 *Die Vergoldung*, GW V, 1486.

33 *Wer Jaakob war*, GW IV, 131.

34 Davon berichtet Nietzsche im 10. Abschnitt der *Geburt der Tragödie*.

35 *Das zweite Jahr*, GW V, 1132f. Deutliche Spuren im Roman hinterließ zum Beispiel die folgende, in Manns Ausgabe des Gilgamesch-Epos teilweise angestrichene Passage: Ischtar tat ihren Mund auf und spricht, / Sagt zu Anu, ihrem Vater: / »Mein Vater, einen Himmelsstier schaffe, Gilgamesch soll er vernichten, / Mit Feuer sollst du füllen seinen ganzen Leib; / Wenn du mich abweist, meine Bitte nicht hörst, / Zerschlag ich der Unterwelt Türen, zerbreche ich den Riegel, / Werde ich hinaufführen die Toten, daß sie die Lebenden essen, / Daß mehr als Lebendige der Toten es gebe!« / Anu tat seinen Mund auf und spricht, / Sagt zur hehren Ischtar: / »Meine Tochter, was verlangst du von mir? / Der Himmelsstier bringt sieben Jahre leeren Stroh's; / Hast du für die Menschen Speisen gesammelt, / Hast du für das Vieh Kraut wachsen lassen?« / Ischtar tat ihren Mund auf und spricht: / Sagt zu Anu, ihrem Vater: / »Mein Vater, Getreide häufte ich an. / Reiche Ernten habe ich werden lassen. / Mögen auch kommen sieben Jahre leeren Stroh's: / Ich habe für die Menschen Speisen gesammelt, / Ich habe für das Vieh Kraut wachsen lassen.«

/ Da hörte Anu diese ihre Rede: / Er ließ den Himmelsstier hinabsteigen und sandte ihn nach Uruk. (*Die Religion der Babylonier und Assyrer*, Jena 1921, S. 82f., TMA).

36 *Der Rote*, GW IV, 190; *Nachtgespräch*, GW IV, 690.

37 »Osar-siph ist Jo-seph. Die ägyptische Überlieferung hat den als Gottesnamen verstandenen ersten Teil des Namens (Jahu, vgl. Ps 81, 6 die Namensform Jehoseph) durch den ägyptischen Gottesnamen Osiris ersetzt.« (Alfred Jeremias, *Das Alte Testament im Lichte des Alten Orients*, Leipzig 1916, S. 351; TMA).

38 *Joseph redet vor Potiphar*, GW V, 891f.

39 GW X, 752.

40 *Die Gesprenkelten*, GW IV, 349.

41 *Verkündigung*, GW V, 1705.

42 *Von Körper und Geist*, GW IV, 412.

43 *Der Angeber*, GW IV, 85.

44 *Von Rubens Erschrecken*, GW IV, 491–501.

45 *Das Mägdlein*, GW IV, 152.

46 »Der Umgang mit Kedeschen und Ischtar-Huren brachte ihn der Baal-Sphäre und ihren Greueln und Narrheiten nahe, der Sphäre Kanaans, des Schamlosen, und niemanden, auch Jaakob, den Vater, nicht, konnte das schwerer grämen als Jehuda selbst«, denn er war fromm und wußte, daß auf ihm die Verheißung ruhte (*Von Rubens Erschrecken*, GW IV, 493).

47 Die Gestalt der Thamar ist entfernt durch die Beziehung zu Agnes E. Meyer angeregt, jener energischen Mäzenatin, deren Wunsch nach einem näheren, gar einem Liebesverhältnis Thomas Mann jedoch widerstand (vgl. Tagebuch 4. 4. 1942, ferner *Thomas Mann – Agnes E. Meyer – Briefwechsel*, hrsg. v. Hans R. Vaget, Frankfurt 1992, S. 8, S. 939f. u. ö.). Ob er wohl befürchtete, es möchte ihm ähnlich wie Juda ergehen?

48 *Die Ismaeliter*, GW IV, 587.

49 »Der Fahrenden Ahnherr – war er nicht von Abraham in die Wüste geschickt worden mit Hagar, weil er unterweltlicherweise gescherzt hatte mit Isaak, dem Sohne des Rechten? Mit Ismaels Söhnen sollte Joseph abgeschoben sein in die Wüste – nicht wurzellos war der Vorgang, es gab ihn, er kehrte wieder« (*Der Verkauf*, GW IV, 600). Daß Thomas Manns Ismael homosexuelle Neigungen hat, sei am Rande vermerkt. »Scherzen« heißt so viel wie geschlechtliche Beziehungen haben (Ruben hat mit Bilha »gescherzt«, *Der Angeber*, GW IV, 85) und »unterweltlich scherzen« heißt homosexuelle Zärtlichkeiten austauschen, wie aus dem Kapitel *Der Rote* hervorgeht (GW IV, 192–194).

50 *Der Verkauf*, GW IV, 610.

51 *In Memoriam S. Fischer*, GW X, 474.

52 *Joseph wächst wie an einer Quelle*, GW V, 928.

53 *Joseph wächst wie an einer Quelle*, GW V, 936f.

54 *Bericht von Mont-kaws bescheidenem Sterben*, GW V, 988.

55 *Mont-kaw*, GW IV, 791.

56 *Potiphar*, GW IV, 807.

57 Ebd.

58 *Dûdus Klage*, GW V, 1187.

59 *Joseph erwägt diese Dinge*, GW IV, 875 f. Daß Josephs Schönheit »zwischen dem Männlichen und dem Weiblichen eine schwebende Mitte hält«, erläutert der Erzähler im Kapitel *Von der Schönheit* (GW IV, 394).

60 *Huij und Tuij*, GW IV, 864.

61 »Mut-em-enet oder -inet heißt auf deutsch: Mut im Wüstental. Mut ist die Gemahlin des Amun, und das göttliche Paar hatte in der Nähe Thebens ein Heiligtum in einem Wüstental« (Thomas Mann an Helen Lowe-Porter 23. 6. 1937).

62 *Die Öffnung der Augen*, GW V, 1013.

63 *In Schlangennot*, GW V, 1086.

64 *Süße Billets*, GW V, 1154.

65 *Das Wort der Verkennung*, GW V, 1012.

66 *Die schmerzliche Zunge*, GW V, 1169.

67 Aus Richard Wagners *Parsifal*, vgl. Eckhard Heftrich, *Potiphars Weib im Lichte von Wagner und Freud*, in: *Thomas-Mann-Jahrbuch* 4, 1991, S. 60 und S. 73.

68 *Dreifacher Austausch*, GW V, 1072.

69 *Das Wort der Verkennung*, GW V, 1010.

70 *Die schmerzliche Zunge*, GW V, 1175.

71 *Joseph bei den Pyramiden*, GW IV, 745.

72 *Höllenfahrt* 3, GW IV, 21.

73 *Joseph bei den Pyramiden*, GW IV, 745 f. Merwer ist die Stiergottheit von On, vgl. *Das lehrhafte On*, GW IV, 731.

74 *Joseph macht Hochzeit*, GW V, 1528.

75 *Das Mädchen*, GW V, 1516 f.

76 *Die Gatten*, GW V, 1047.

77 *Beknechons*, GW V, 947.

78 *Der Amtmann über das Gefängnis*, GW V, 1310.

79 Eine kurze Biographie Gumperts hat Heinz Saueressig geschrieben, in *Ärzte und Ärztliches*, Biberach 1989, S. 22–35.

80 *Der Amtmann über das Gefängnis*, GW V, 1318.

81 *Der Amtmann über das Gefängnis*, GW V, 1307 f.

82 *Urim und Tummim*, GW V, 1511.

83 *Das Kind der Höhle*, GW V, 1414.

84 *Die Einführung*, GW V, 1412.

85 *Trübungen*, GW V, 1532.

86 *Joseph und seine Brüder. Ein Vortrag*. GW XI, 662.

87 *»Ich glaub' nicht dran«*, GW V, 1453.

88 *Vom scheimischen Diener*, GW V, 1767.

Die Götter und ihre Geschichten

1 *Der Rote*, GW IV, 190ff.
2 *Der Tod in Venedig*, GW VIII, 516.
3 Wie Ischtar plant deshalb auch der klagende Jaakob, hinabzusteigen in die Unterwelt und Joseph wiederzuholen, woraufhin Eliezer ihn erinnert: »Aber spätestens am siebenten Tore würde sich bei den Gebräuchen unvermeidlich herausstellen, daß du die Mutter nicht bist...« (*Die Versuchungen Jaakobs*, GW IV, 650).
4 *Der Geläufige*, GW IV, 486.
5 *Jaakobs Hochzeit*, GW IV, 297; *Das bunte Kleid*, GW IV, 482.
6 *Der Mann Jebsche*, GW IV, 73.
7 *Jaakobs Hochzeit*, GW IV, 297.
8 *Astaroth*, GW V, 1549.
9 *Das zweite Jahr*, GW V, 1128–1133.
10 *Ischtar*, GW IV, 61.
11 *Das zweite Jahr*, GW V, 1133.
12 *Das Antlitz des Vaters*, GW V, 1261.
13 Die Adonis-Sage faßt Karl Kerényi zusammen: *Die Mythologie der Griechen*, Zürich [2]1951, S. 75–77.
14 Mereschkowski, a.a.O., S. 225 (TMA).
15 Vgl. Alfred Grimm, *Joseph und Echnaton – Thomas Mann und Ägypten*, Mainz 1992, S. 228–231.
16 *Der Üble*, GW IV, 290.
17 Vgl. *Der Rote*, GW IV, 190.
18 *Das zweite Jahr*, GW V, 1129.
19 *Die schmerzliche Zunge*, GW V, 1175.
20 *Die Bedrohung*, GW V, 1208.
21 *Der Rote*, GW IV, 190
22 *Die Gesprenkelten*, GW IV 349. Thomas Mann hat diese Parallelen auch in seinen Essays verschiedentlich verwertet, zum Beispiel in *Die Einheit des Menschengeistes*, GW X, 752.
23 *Thamar erlernt die Welt*, GW V, 1552.
24 *Das Antlitz des Vaters*, GW V, 1259.
25 *Joseph wird in den Brunnen geworfen*, GW IV, 555.
26 In Menfe begegnet Joseph Ptach, dem »Gott, welcher Kunstwerke schuf« und dessen Gedanken zu Bildwerken aller Art werden. »Noch nie war Joseph, der Entführte, so sehr im Verbotenen gewandelt wie hier, sofern das Verbot seiner Überlieferung lautete: ›Du sollst dir kein Bild machen.‹« (*Das Haus des Gewickelten*, GW IV, 750).
27 *Trübungen*, GW V, 1535.
28 *Nachtgespräch*, GW IV, 688.
29 *Das Haus des Gewickelten*, GW IV, 751
30 *Das Haus des Gewickelten*, GW IV, 755

31 *Das Haus des Gewickelten*, GW IV, 757.
32 *Der Mann auf dem Felde*, GW IV, 537; *Ruben kommt zur Höhle*, GW IV, 616f.; *Ein Wiedersehen*, GW IV, 701.
33 *Der Eilbote*, GW V, 1369.
34 *Das Kind der Höhle*, GW V, 1424f.
35 *Vom schelmischen Diener*, GW V, 1758.
36 *»Ich glaub' nicht dran«*, GW V, 1451; *Wie Abraham Gott entdeckte*, GW IV, 430.
37 Nietzsche, *Der Antichrist*, Nr. 16.
38 *Joseph hilft aus als Deuter*, GW V, 1360.
39 *Vom stechenden Wurm*, GW V, 1351.
40 *Der Unterricht*, GW IV, 406.
41 *In der Höhle*, GW IV, 584.
42 *Nachtgespräch*, GW IV, 692.
43 *»Ich glaub' nicht dran«*, GW V, 1451.
44 *Urim und Tummim*, GW V, 1508.
45 Thomas Mann, *Der Zauberberg*, GW III, 686.
46 Alle Zitate *Der Gewaltige Zug*, GW V, 1821.
47 *Vorspiel in oberen Rängen*, GW V, 1283.

Das Thema und seine Stellung im Gesamtwerk

1 »Denn Jaakob war nicht kriegerisch. Nie wäre er der Mann gewesen, zu tun, was Ur-Abram tat [...]. Denn diese Seele war weich und schreckhaft; sie verabscheute es, Gewalt zuzufügen, sie zitterte davor, welche zu erleiden, und war voll von Erinnerungen an Niederlagen ihres Mannesmutes [...]« (*Eliphas*, GW IV, 132f.).
2 *In der Höhle*, GW IV, 581.
3 Sie sind »Stutzer und Kinder der Hochkultur, manikürt, coiffiert, parfümiert und gepinselt, mit Fußnägeln wie aus Perlmutter, gewickelten Taillen und wallenden Buntbändern vorn, seitlich und hinten den Schurz hinab« (*Ephraim und Menasse*, GW V, 1780).
4 GW XI, 137.
5 In der Zweitfassung des Essays *Der alte Fontane*, GW IX, 32.
6 In der Einleitung zu der von Manfred Schröter herausgegebenen Auswahl aus den Werken Johann Jakob Bachofens, die unter dem Titel *Der Mythus von Orient und Occident* 1926 in München erschien (dort S. CCLI).
7 GW XI, 50; Baeumler, a.a.O., S. CCLV; Nietzsche, *Der Wille zur Macht* Nr. 1050.
8 GW III, 686.
9 GW V, 1085f.; wiederaufgenommen in *On Myself*, GW XIII, 136.
10 GW VIII, 410.

11 *Jaakobs Hochzeit*, GW IV, 308.
12 *Das Antlitz des Vaters*, GW V, 1258.
13 Hans Wysling in der Einführung zu *Bild und Text bei Thomas Mann*, Bern / München 1975, S. 11.
14 *Das Antlitz des Vaters*, GW V, 1259.
15 *Joseph wird zusehends zum Ägypter*, GW V, 968.
16 *Der Üble*, GW IV, 293.
17 Joseph zu kastrieren, empfiehlt der Zeugezwerg Dûdu in *Die schmerzliche Zunge*, GW V, 1179 f. und *Dûdu's Klage*, GW V, 1198.
18 GW VIII, 296 f.
19 *Tristan*, GW VIII, 223.
20 *Bruder Hitler*, GW XII, 847.
21 *Über die Ehe*, GW X, 195.
22 *Der Angeber*, GW IV, 79 f.
23 *Die schmerzliche Zunge*, GW V, 1175 f.
24 *Meine Zeit*, GW XI, 302
25 *Buddenbrooks*, Zehnter Teil, Fünftes Kapitel, GW I, 656 f.
26 *Vom äffischen Ägypterland*, GW IV, 97.
27 *Vom Schweigen der Toten*, GW IV, 668 f.
28 *Der Name*, GW IV, 93.
29 *Urgeblök*, GW IV, 185.
30 *Bericht von Mont-kaws bescheidenem Sterben*, GW V, 990.
31 *Bericht von Mont-kaws bescheidenem Sterben*, GW V, 1002.
32 *Nach dem Gehorsam*, GW V, 1778.
33 GW III, 686.
34 *Urim und Tummim*, GW V, 1508.

Die Entstehungsjahre des Joseph-Romans

1 Von Thomas Mann verschiedentlich zitiert, zum Beispiel im Vortrag *Joseph und seine Brüder* (GW XI, 654), im *Lebensabriß* (GW XI, 136), in *On Myself* (GW XIII, 163) und in *Vom Buch der Bücher und Joseph* (GW XIII, 203 f.).
2 Einzelheiten zur Entstehungsgeschichte berichtet Albert von Schirnding in den Nachworten zur Edition des Romans in vier Einzelbänden im Rahmen der Frankfurter Ausgabe (Frankfurt 1983). Thomas Mann selbst schildert die Entstehungszeit in dem Essay *Sechzehn Jahre* (GW XI, 669–681). Zu den Ägyptenreisen von 1925 und 1930 und den ägyptologischen Vorbereitungen bietet Alfred Grimm Neues in der Einleitung zu *Joseph und Echnaton – Thomas Mann und Ägypten*, Mainz 1992.
3 *Unterwegs*, GW XI, 359.
4 »Amenophis IV., an dessen glasbedeckter Mumie im Porphyrsarg ich lange in Rührung stand« (GW XI, 360) – in Wirklichkeit hat Thomas

Mann Amenophis II. gesehen (wie Alfred Grimm, a.a.O., S. 22 ausführt).

5 *Sechzehn Jahre*, GW XI, 673.

6 Die Auflagenzahlen hier und im folgenden ergeben sich hauptsächlich aus Thomas Manns Briefwechsel mit seinem Verleger Gottfried Bermann Fischer, aus weiteren Briefwechseln, die man im Thomas-Mann-Band der Reihe *Dichter über ihre Dichtungen* findet, sowie aus Verlagsprospekten und Klappentexten (Archiv des S. Fischer Verlags).

7 *Sechzehn Jahre*, GW XI, 670.

8 Ebd.

Die Quellen

1 Vgl. dazu Eckhard Heftrich: *Geträumte Taten*, Frankfurt a. M. 1993.

2 Herbert Lehnert hat in zwei großen Aufsätzen einen Überblick über die Bücher gegeben, die Thomas Mann hauptsächlich verwendet hat: *Thomas Manns Vorstudien zur Josephstetralogie* (Jahrbuch der deutschen Schillergesellschaft 7, 1963, S. 458–520) und *Thomas Manns Josephstudien* (ebd. 10, 1966, S. 378–405). Von dort stammen etliche der im folgenden wiedergegebenen Informationen. Eine Analyse von einigen dieser Quellen (Dacqué, Mereschkowski, Jeremias, Bachofen) findet sich bei Manfred Dierks (*Studien zu Mythos und Psychologie bei Thomas Mann*, Bern/München 1972). Einen Überblick über die Bildquellen vermittelt der von Hans Wysling herausgegebene Band *Bild und Text bei Thomas Mann*, Bern/München 1975.

3 Laut *Lebensabriß*, GW XI, 136.

4 *Doktor Faustus*, GW VI, 21.

5 Ein Register der im Roman verwendeten Bibelstellen findet sich im Anhang der Dissertation von Christoph Jäger: *Humanisierung des Mythos – Vergegenwärtigung der Tradition. Theologisch-hermeneutische Aspekte in den Josephsromanen von Thomas Mann*, Stuttgart 1992.

6 *Vom Buch der Bücher und Joseph*, GW XIII, 201.

7 Über Jeremias hat sich Thomas Mann in dem kleinen Essay *Die Einheit des Menschengeistes* geäußert (GW X, 751–756).

8 Goldbergs Rolle für den Joseph-Roman hat Helmut Koopmann dargestellt; sein diesbezüglicher Aufsatz soll im *Thomas-Mann-Jahrbuch* 6, 1993 erscheinen.

9 GW VII, 374 f., dort die folgenden Zitate.

10 *Doktor Faustus*, 34. Kapitel, GW VI, 482.

11 Genaueres zum Freud-Einfluß bei Manfred Dierks, a.a.O., S. 127 bis 168.

12 *Die schmerzliche Zunge*, GW V, 1172.

13 Eckhard Heftrich: *Joseph und seine Brüder*, in: *Thomas-Mann-Handbuch*, hrsg. v. Helmut Koopmann, Stuttgart 1990, S. 458.

14 Mereschkowski, S. 99. Vgl. *Der Angeber*, GW IV, 79f.
15 Mereschkowski, S. 101. Im Roman aufgenommen zum Beispiel in *Der Üble*, GW IV, 293.
16 Alfred Grimm: *Joseph und Echnaton – Thomas Mann und Ägypten*, Mainz 1992.
17 Als Beispiel kann dienen die Beschreibung des mit dem Königtum verbundenen Brauchtums bei Grimm, a.a.O., S. 106–116.
18 Grimm, a.a.O., S. 274–281, vgl. *»Ich glaub' nicht dran!«*, GW V, 1456ff.
19 Vgl. Grimm, a.a.O., S. 96–100.
20 Vgl. Grimm, a.a.O., S. 177 und S. 212–216.
21 *Vom äffischen Ägypterland*, GW IV, 97; Grimm, a.a.O., S. 202f. und S. 218.
22 So in einem Brief an Werfel vom 14. 10. 1937, TMA.
23 Thomas Mann in seinem Vortrag *Joseph und seine Brüder*, GW XI, 656.
24 Marcel Reich-Ranicki, *Thomas Mann und die Seinen*, Stuttgart 1987, S. 34.
25 *Das leere Haus*, GW V, 1248.
26 *Vom schelmischen Diener*, GW V, 1762.
27 *Joseph wird in den Brunnen geworfen*, GW IV, 562, dort auch die folgenden Zitate.
28 *Von Güte und Klugheit*, GW V, 1322.
29 *Das leere Haus*, GW V, 1251, in Wiederaufnahme von *Joseph wird in den Brunnen geworfen*, GW IV, 555.
30 *Thamar erlernt die Welt*, GW V, 1550.
31 *Die Gewöhnung*, GW IV, 662.
32 *Von langer Wartezeit*, GW IV, 267.
33 *Sieben oder fünf*, GW V, 1482.
34 *Der versunkene Schatz*, GW V, 1495.
35 *Trübungen*, GW V, 1530.
36 *Wie lange Joseph bei Potiphar blieb*, GW IV, 821.

Zur Wirkungsgeschichte

1 Mit seinem Frühwerk *Die Geburt der Tragödie aus dem Geist der Musik* (1872) setzte Nietzsche gegen die auf Maß und Form, auf Helligkeit und Heiterkeit setzende traditionell klassizistische, »apollinische« Auffassung der Antike ein tragisch-widersprüchliches Antike-Bild, in dem das »Dionysische«, also das Rauschhafte und Irrationale, das Chaotische, Dunkle und Formlose betont wird.
2 Der Lebensphilosoph Ludwig Klages (1872–1956) betrachtete den Geist als Widersacher der Seele. Er gehörte zu den Wiederentdeckern Bach-

ofens und des Mutterrechts (am Ende seines Buches *Vom kosmogonischen Eros*, 1921).

3 Mit seinem Buch *Der Mythus des 20. Jahrhunderts* (1930) schrieb Alfred Rosenberg eines der Hauptwerke dessen, was dann als nationalsozialistische Weltanschauung betrachtet zu werden den Ehrgeiz hatte.

4 Der Philosoph Ernst Bloch (1885–1977) versuchte im Geiste einer expressionistisch inspirierten, undogmatisch-linken Zukunftsphilosophie Mythos und Marxismus zu versöhnen. Der Mythos ist für ihn nicht reaktionär, sondern Vorschein der Befreiung.

5 Die Beziehungen Thomas Manns zu dem Philosophen, dessen Weg von Kant über Hegel zu Bachofen und dann zu Rosenberg führte, sind dokumentiert in dem Band *Thomas Mann und Alfred Baeumler*, herausgegeben von Marianne Baeumler, Hubert Brunträger und Hermann Kurzke.

6 *Pariser Rechenschaft*, GW XI, 48.

7 Wie Manfred Dierks in seinen *Studien zu Mythos und Psychologie bei Thomas Mann*, Bern / München 1972 nachgewiesen hat (S. 260).

8 Vgl. Ernst Bloch, *Erbschaft dieser Zeit* [3]1973, S. 348 f.

9 *Das Schwarze Korps*, 29. 7. 1937.

10 In: *Internationale Literatur* 4, 1934, Heft 2, S. 155–158.

11 *Thomas Mann und die Gegenwart*, in: *Das Wort*, Moskau 1937, abgedruckt in Klaus Schröters Sammlung *Thomas Mann im Urteil seiner Zeit*, Hamburg 1969, S. 295–299.

12 Vgl. dazu Hans R. Vaget: *Vorzeitiger Antifaschismus und andere unamerikanische Umtriebe. Aus den geheimen Akten des FBI über Thomas Mann.* In: *Horizonte.* Festschrift für Herbert Lehnert. Tübingen 1990, S. 173–204. Der Text des Dokuments lautet in deutscher Sprache (wobei die Übersetzung nicht den Ehrgeiz hat, eleganter zu sein als das Original):

Während der Dauer der Arbeit des Appellationsausschusses, der aus X und Y besteht, habe ich ziemlich genau die Entscheidungen dieses Ausschusses beobachtet, von denen mir viele nachsichtig gegenüber dem Gefahrenmoment und als angesichts der gegenwärtigen Kriegsnotwendigkeiten nicht zu rechtfertigende erscheinen.

Ich möchte ihre Aufmerksamkeit auf die Aktion des Appellationsausschusses im Fall des Z lenken, die ich für das bisher hervorragendste Beispiel für die Verantwortungslosigkeit, die dieser Ausschuß zeigt, halte.

Der Fall Z, Antragsteller für Einwanderungsvisa, wurde dem Primary Committee Nr. 2 am 1. November 1941 vorgelegt. Zu dieser Zeit wurde der Fall einmütig abgelehnt. Das FBI hatte aus einigen Quellen Informationen beschafft, die den kommunistischen Hintergrund und die kommunistischen Aktivitäten des Antragstellers und Bürgen Thomas Mann anzeigen. Dieser Fall wurde am 1. April 1942 dem Revisions-Committee C vorgelegt, wo er erneut einmütig abgelehnt wurde, mit der Begründung, daß das Committee, mit Ausnahme des Vertreters der

Einwanderungsbehörde, zu dem Schluß kam, daß der Antragsteller unbestreitbar dem Kommunismus zugeneigt sei. Das Committee zog weiterhin die nachteilige Auskunft in den Akten der Geheimdienste in Betracht, die anzeigte, daß die Bürgen Kommunisten oder Sympathisanten waren. Am 23. April 1942 kehrte der Appellationsausschuß die Meinung des Primary Committee und des Revisions-Committees um und machte eine günstige Empfehlung. Ein treffender Auszug aus seiner Meinungsäußerung ist zitiert: »Der männliche Antragsteller ist ein bekannter Autor. Für ihn bürgen Thomas Mann und XX. Beide Bürgen versichern, daß die politischen Anschauungen des Antragstellers weder pro-Nazi noch pro-kommunistisch sind, sondern strikt demokratisch. Es ist unnötig zu sagen, daß die Bürgschaft vom höchsten Rang ist. Wegen seiner Fähigkeiten mag der Antragsteller sehr wohl eine sehr nützliche Person in den Vereinigten Staaten sein. Seine Opposition gegenüber dem Nazismus ist klar. Es mag also klug und ungefährlich sein, ihn in die Vereinigten Staaten einreisen zu lassen.
XX ist von polnischer Nationalität und seine Frau, in Deutschland geboren, ist eine feindliche Ausländerin. Der Antragsteller und seine Frau sind gegenwärtig in den Vereinigten Staaten, wohin sie 1940 gekommen sind.«
Zusätzlich zu dem wesentlichen Informationsbestand, der anzeigt, daß XX ein Kommunist ist, hatte der Appellationsausschuß zum Zeitpunkt seiner Entscheidung bereits ein von diesem Büro beschafftes Schreiben verfügbar, das etwa sieben Seiten Auskünfte enthielt, die den kommunistischen Hintergrund und die Aktivitäten des Bürgen Thomas Mann anzeigen, auf dessen Aussage, daß der Antragsteller nicht kommunistisch sei, der Appellationsausschuß sich verlassen hatte.
Aufgrund meiner Beobachtung der Entscheidungen des Appellationsausschusses und durch meine Diskussionen mit seinen Mitgliedern glaube ich, daß es nicht zu weit geht zu sagen, daß dieser Ausschuß absolut gleichgültig ist gegenüber der Gefahr, die aus den kommunistischen Neigungen oder Aktivitäten irgendeines Bürgen oder Antragstellers erwächst. Es scheint auch offensichtlich zu sein, daß die Hauptarbeit des Appellationsausschusses von X durchgeführt wird, der für sich die Bekanntschaft und Freundschaft mit einer beträchtlichen Anzahl von Personen, die in den Akten des FBI als Mitglieder von kommunistischen Frontorganisationen in Betracht gezogen werden, in Anspruch nimmt. Y, der den Eindruck macht, von einer mehr konservativen Geisteshaltung zu sein, hat nach meinen Beobachtungen wenig Interesse an der Arbeit des Appellationsausschusses gezeigt und ist in Verbindung mit seiner Arbeit nicht mehr als einen Tag in der Woche im State Department anwesend. In einem hohen Grade repräsentieren die Entscheidungen und Gutachten des Appellationsausschusses daher den Standpunkt von X.

Hochachtungsvoll

13 Die Wirkungsgeschichte des Joseph-Romans stellt Hans Wißkirchen in ihren Grundzügen vor (*Sechzehn Jahre. Zur europäischen Rezeption der Roman-Tetralogie Joseph und seine Brüder*, in: H. W., *»Die Beleuchtung, die auf mich fällt, hat... oft gewechselt.« Neue Studien zum Werk Thomas Manns*, Würzburg 1991, S. 85–145; gekürzt in dem von Helmut Koopmann herausgegebenen *Thomas-Mann-Handbuch*, Stuttgart 1990, S. 892–903.

14 Die Briefstelle ist, wie die meisten in diesem Abschnitt verwendeten, nicht anderweitig gekennzeichneten Informationen und Materialien, abgedruckt in dem Aufsatz von Klaus W. Jonas: *Thomas Mann, Joseph W. Angell und die Yale University*, in: *Philobiblon* 34, 1990, S. 97–137.

15 Am 4. März 1937.

16 Wie ein Brief Thomas Manns an seine Übersetzerin Helen Lowe-Porter vermuten läßt, vgl. Jonas, Anmerkung 14.

17 Thomas Mann arbeitete Anfang 1933 am Kapitel *Joseph bei den Pyramiden*.

18 Wie Thomas Mann im Tagebuch vom 15. März 1933 berichtet.

Verzeichnisse

Quellen und Literatur

Die Abkürzung »TMA« verweist auf Bestände des Thomas-Mann-Archivs in Zürich.
Thomas Mann wird zitiert nach der Ausgabe *Gesammelte Werke in dreizehn Bänden*, Frankfurt a. M. 1974 (Sigle GW, römische Bandzahl, arabische Seitenzahl). Da die Seitenzählungen auch der neueren Ausgaben nicht immer übereinstimmen, wird im Bereich des Romans *Joseph und seine Brüder* außerdem die Kapitelüberschrift angegeben.
Die Briefe Thomas Manns werden in der Regel nur nach Empfänger und Datum nachgewiesen. Der Fundort kann ermittelt werden in: Hans Bürgin / Hans-Otto Mayer: *Die Briefe Thomas Manns. Regesten und Register.* 5 Bände, Frankfurt a. M. 1976–1987. Fast alle Briefstellen, die den *Joseph*-Roman betreffen, auch anderwärts ungedruckte, sind wiedergegeben in: Hans Wysling / Marianne Fischer (Hg.): *Dichter über ihre Dichtungen: Thomas Mann*, 3 Bände, Zürich 1975–1981. Der Briefwechsel Thomas Mann – Karl Kerényi erschien unter dem Titel *Romandichtung und Mythologie*, Zürich 1945 und unter dem Titel *Gespräch in Briefen*, Zürich 1960. Im übrigen werden die bisher erschienenen Briefausgaben aufgeführt in Hans Wyslings Edition von Manns *Briefwechsel mit Autoren*, Frankfurt a. M. 1988 S. 753–757. Die wichtigsten Neuerscheinungen seitdem sind: *Jahre des Unmuts. Thomas Manns Briefwechsel mit René Schickele* (Frankfurt a. M. 1992, herausgegeben von Hans Wysling und Cornelia Bernini) und *Thomas Mann – Agnes E. Meyer: Briefwechsel* (Frankfurt a. M. 1992, herausgegeben von Hans R. Vaget).
Die Tagebücher Thomas Manns werden nur mit dem Datum der Eintragung zitiert. Sie sind folgendermaßen erschienen:

Thomas Mann: *Tagebücher*. Bisher 8 Bände. 1918–1921, 1933–1934, 1935–1936, 1937–1939, 1940–1943, herausgegeben von Peter de Mendelssohn, Frankfurt a. M. 1977–1983; 1944–1946, 1946–1948, 1949–1950, herausgegeben von Inge Jens, Frankfurt a. M. 1986–1991.

Seit kurzem sind auch Thomas Manns Notizbücher in einer kommentierten Edition greifbar: Hans Wysling / Yvonne Schmidlin (Hg.): *Thomas Mann: Notizbücher*, zwei Bände, Frankfurt a. M. 1991 / 1992.

Die wichtigsten Bildvorlagen zu den Romanen Thomas Manns finden sich in: Hans Wysling / Yvonne Schmidlin (Hg.): *Bild und Text bei Thomas Mann*. Eine Dokumentation. München 1975.

Viele Fotos zur Biographie Thomas Manns enthält: Cesare Cases: *Thomas Mann. Una biografia per immagini*. Pordenone 1982.

Von der zahlreichen weiteren Literatur, die für dieses Buch im engeren oder weiteren Sinne anregend wirkte und dem Joseph-Leser nützlich sein kann, ist vor allem zu nennen:

Herbert Lehnert: *Thomas Manns Vorstudien zur Josephstetralogie*. In: Jahrbuch der deutschen Schillergesellschaft 7, 1963, S. 458–520. Fortsetzung: *Thomas Manns Josephstudien*, in: Jahrbuch der deutschen Schillergesellschaft 10, 1966, S. 378–405.

Manfred Dierks: *Studien zu Mythos und Psychologie bei Thomas Mann. An seinem Nachlaß orientierte Untersuchungen zum Tod in Venedig, zum Zauberberg und zur Joseph-Tetralogie*. Bern / München 1972.

Helmut Jendreiek: *Thomas Mann. Der demokratische Roman*. Düsseldorf 1977.

Helmut Koopmann (Hg.): *Thomas-Mann-Handbuch*. Stuttgart 1990.

Eckhard Heftrich: *Geträumte Taten. Joseph und seine Brüder. Über Thomas Mann*, Band 3. Frankfurt a. M. 1993. (Hier noch nicht verwendet; künftig wohl die wichtigste literaturwissenschaftliche Arbeit zum Joseph-Roman).

Hermann Kurzke: *Thomas Mann. Epoche – Werk – Wirkung.* 2. Auflage München 1991.

Eckhard Heftrich / Helmut Koopmann (Hg.): *Thomas Mann und seine Quellen.* Festschrift für Hans Wysling. Frankfurt a. M. 1991.

Alfred Grimm: *Joseph und Echnaton – Thomas Mann und Ägypten.* Mainz 1992.

Thomas-Mann-Jahrbuch 6, 1993. (Wird die Vorträge des Internationalen Thomas-Mann-Kolloquiums zum Joseph-Roman, das im Mai 1992 in Lübeck stattfand, enthalten.)

Abbildungsnachweis

Wo sich nicht feststellen läßt,
welche Abbildung Thomas Mann verwendet hat,
ist der Standort des Originals angegeben.

1 Heinrich Bulle, *Der schöne Mensch im Altertum*, München [2]1922 (aus Thomas Manns Bibliothek, TMA).
2 Wie Abbildung 1.
3 *Biblia pauperum*, hg. v. Karl August Wirth, Zürich 1982.
4 Martin Luther, *Biblia: Das ist: Die gantze Heilige Schrifft Deudsch Auffs new zugericht*, Wittenberg 1545, S. 24 (Reprint 1974).
5 Dante Alighieri, *Die Göttliche Komödie*, Berlin 1921, S. 15.
6 Ausschnitt aus einem Kunstkatalog. Aus den Materialien zum Roman, TMA.
7 Photographie aus den Materialien zum Roman, TMA.
8 Wie Abbildung 7.
9 Georg Steindorff, *Die Blütezeit des Pharaonenreichs*, Bielefeld/Leipzig [2]1926, aus Thomas Manns Bibliothek, TMA.
10 Kunsthalle Hamburg.
11 Alte Pinakothek, München.
12 Hartmut Schedel, *Weltchronik*, Nürnberg 1493, Blatt 15b.
13 S. Fischer Verlag, Frankfurt am Main.
14 TMA.
15 TMA.
16 Wie Abbildung 9, dort S. 50. Eine weitere Abbildung bei den Materialien, TMA.

17 Vatikanisches Museum, Rom.
18 Ägyptisches Museum, Berlin.
19 James H. Breasted, *Geschichte Ägyptens*, Wien 1936, Abb. 167, TMA.
20 Aus den Materialien zum Roman, TMA.
21 Wie Abbildung 19, dort Abbildung 115 (TMA).
22 TMA.
23 TMA.
24 Aus den Materialien zum Roman, TMA.
25 Sammlung Ulrich Kocher, Reutlingen.
26 Wie Abbildung 19, dort Abb. 104.
27 Der sogenannte Grüne Kopf, aus Georg Steindorff, *Die Kunst der Ägypter*, Leipzig 1928 (TMA).
28 Sammlung Heinz Saueressig, Biberach.
29 Ägyptisches Museum, Berlin.
30 Ägyptisches Museum, Berlin.
31 Immanuel Benzinger, *Hebräische Archäologie*, Leipzig ^{3}1927, Band 1, S. 49, TMA.
32 Uffizien, Florenz.
33 Ägyptisches Museum, Berlin.
34 Aus den Arbeitsmaterialien zum Roman, TMA.
35 Bayerisches Nationalmuseum, München.
36 Ägyptisches Museum, Berlin.
37 Ägyptisches Museum, Berlin.
38 Archäologische Sammlung, Tübingen.
39 Hans Schröder, *Lübeck*, Berlin 1940, Abb. 80.
40 Deutsches Literaturarchiv, Marbach.
41 Wie Abbildung 40.
42 Wie Abbildung 40.
43 TMA.
44 TMA.
45 Bayerisches Hauptstaatsarchiv München, Kopie aus der Sammlung Hans Waldmüller, Darmstadt.
46 Bayerische Staatsbibliothek, München.
47 TMA.
48 TMA.

49 Museum für Kunst und Kulturgeschichte der Hansestadt Lübeck.
50 TMA.
51 Reprint Tübingen 1967.
52 Archiv S. Fischer Verlag Frankfurt a. M.
53 Kopie aus der Sammlung Hans R. Vaget.
54 TMA.

Register

Das Register verzeichnet Namen von wirklichen Personen, ferner von Göttern, mythologischen und literarischen Personen. Auf ein Stichwort ›Joseph‹ wurde verzichtet.

Nachbemerkung und Danksagung

Die Konzeption dieses Buches ist einem Zufall zu verdanken. Als es nicht gelang, für die als Koproduktion von Ägyptologie und Germanistik entwickelte Ausstellung *Joseph und Echnaton – Thomas Mann und Ägypten* einen gemeinsamen Katalog zustande zu bringen, ergab sich aus den dafür entwickelten und nicht zum Zuge gekommenen Texten die Idee zu einem bebilderten Führer, wie er hier vorliegt. Natürlich verdankt das Buch dieser Entstehungsgeschichte einiges und ist deshalb Dietrich Wildung (Ägyptisches Museum, Berlin), Sylvia Schoske und Alfred Grimm (Staatliche Sammlung Ägyptischer Kunst in München) in mancher Hinsicht verpflichtet. Der gute Rat von Wolfgang Mertz und einige gründliche Gespräche mit Eckhard Heftrich waren hilfreich, dem Buch die Wege zu ebnen. Beim Bildersuchen, bei der kritischen Durchsicht des Manuskripts und beim Register halfen Marle Kurzke, Matthias Kurzke, Csaba Laszlo und Stephan Stachorski. Stephan Stachorski hat, von allerlei technischen Hilfen abgesehen, in zahlreichen Gesprächen viele nützliche Ideen teils angeregt, teils beigetragen. Hans Wysling und Cornelia Bernini vom Thomas-Mann-Archiv in Zürich haben Auskünfte gegeben sowie viele Bilder und Dokumente zur Verfügung gestellt. Weitere Abbildungen kamen vom Lübecker Museum für Kunst und Kulturgeschichte (mit Dank an Wolfram Morath und Hans Wißkirchen), vom Archiv des S. Fischer Verlags, vom Deutschen Literaturarchiv in Marbach, ferner von Magda Kerényi, Achim Hall, Klaus W. Jonas, Ulrich Kocher, Helmut Koopmann, Herbert Lehnert, Hans Matussek, Caroline von Moÿ, Georg Potempa und Hans R. Vaget. Die meisten waren auch Förderer der Ausstellung *Joseph und Echnaton – Thomas Mann und Ägypten*, die unter tätiger Mithilfe der Thomas-Mann-Gesellschaft und unterstützt durch eine Spende von Frau Lisa Dräger in Lübeck 1992 eröffnet wurde und derzeit durch eine Reihe von weiteren Städten zieht. Inspirierend wirkte auch das Internationale Thomas-Mann-Kolloquium, das unter Förderung der Deutschen Forschungsgemeinschaft im Mai 1992 in Lübeck stattfand und bei dem Dietrich Wildung, Sylvia Schoske, Alfred Grimm, Eckhard Heftrich, Helmut Koopmann, Børge Kristiansen, Friedrich Junge, Erik Hornung, Herbert Lehnert, Manfred Dierks, Jan Assmann, Manfred Görg, Elke Blumenthal und Doris Runge referierten. Alle Helfer und Anreger mögen sich als mit Lobgold überschüttet betrachten und mögen, auch wenn heutzutage solches Personal nicht mehr zu bekommen ist, bei der Imagination dieses schönen Vorgangs doch die Auffange-Sklaven nicht vergessen, die Joseph zur Verfügung standen, als Pharao ihn vergoldete und einen Regen von Kostbarkeiten auf ihn niedergehen ließ:

> Ketten aus aufgereihten Goldperlen, Gold in Löwengestalt, goldene Armringe, goldene Dolche, Stirnbänder, Halskrägen, Zepter, Vasen und Beile aus gediegenem Gold – was alles der Beschenkte allein natürlich nicht auffangen konnte, so daß ihm ein paar Auffange-Sklaven beigegeben waren, die einen ganzen Hort von im Sonnenstrahl blitzendem Golde unter den Wunderrufen der Menge am Boden vor ihm aufhäuften: – es war in der Tat das Hübscheste, was man sehen konnte, und wenn nicht das unerbittliche Gesetz der Aussparung wäre, so würden wir das Gesehene noch viel genauer beschreiben. (*Die Vergoldung*, GW V, 1487)

Thomas Mann

Große kommentierte Frankfurter Ausgabe

Werke – Briefe – Tagebücher

Herausgegeben von Heinrich Detering, Eckhard Heftrich, Hermann Kurzke, Terence J. Reed, Thomas Sprecher, Hans R. Vaget und Ruprecht Wimmer in Zusammenarbeit mit dem Thomas-Mann-Archiv der ETH Zürich

» ... denn es ist ein Irrtum, zu glauben,
der Autor selbst sei der beste Kenner und
Kommentator seines eigenen Werkes.«
Thomas Mann

S. Fischer

fi 555 018 / 2

Thomas Mann
Tagebücher

Tagebücher 1918-1921
Herausgegeben von
Peter de Mendelssohn
1979. XII, 908 Seiten.
Leinen in Schuber

Tagebücher 1933-1934
Herausgegeben von
Peter de Mendelssohn
1977. XXII, 818 Seiten.
Leinen in Schuber

Tagebücher 1935-1936
Herausgegeben von
Peter de Mendelssohn
1978. VIII, 722 Seiten.
Leinen in Schuber

Tagebücher 1937-1939
Herausgegeben von
Peter de Mendelssohn
1980. X, 990 Seiten.
Leinen in Schuber

Tagebücher 1940-1943
Herausgegeben von
Peter de Mendelssohn
1982. XII, 1200 Seiten.
Leinen in Schuber

Tagebücher 1944-1946
Herausgegeben von
Inge Jens
1986. XVI, 914 Seiten.
Leinen in Schuber

Tagebücher 1946-1948
Herausgegeben von
Inge Jens
1989. XIV, 1042 Seiten.
Leinen in Schuber

Tagebücher 1949-1950
Herausgegeben von
Inge Jens
1991. XVIII, 780 Seiten.
Leinen in Schuber

Tagebücher 1951-1952
Herausgegeben von
Inge Jens
1993. XXIV, 928 Seiten.
Leinen in Schuber

Tagebücher 1953-1955
Herausgegeben von
Inge Jens
1995. XXII, 978 Seiten.
Leinen in Schuber

S. Fischer

fi 666006 / 1

Thomas Mann

Buddenbrooks

Verfall einer Familie

Roman

Pappband mit dem geprägten Motiv der ersten einbändigen Ausgabe von 1903

»Diese Geschichte des alten Lübecker Patriziergeschlechtes Buddenbrook (in Firma Johann Buddenbrook), welche mit dem alten Johann Buddenbrook um 1830 einsetzt, endet mit dem kleinen Hanno, seinem Urenkel, in unseren Tagen. Sie umfaßt Feste und Versammlungen, Taufen und Sterbestunden (besonders schwere und schreckliche Sterbestunden), Verheirathungen und Ehescheidungen, große Geschäftserfolge und die herzlosen unaufhörlichen Schläge des Niederganges, wie das Kaufmannsleben sie mit sich bringt ... Auch der Letzte, der kleine Hanno, geht mit nach innen gekehrtem Blick umher, aufmerksam die innere seelische Welt belauschend, aus der seine Musik hervorströmt. In ihm ist noch einmal die Möglichkeit zu einem Aufstieg (freilich einem anderen als Buddenbrooks erhoffen) gegeben: Die unendlich gefährdete Möglichkeit eines großen Künstlerthums, die nicht in Erfüllung geht ... Es ist ein Buch ganz ohne Überhebung des Schriftstellers. Ein Act der Ehrfurcht vor dem Leben, welches gut und gerecht ist, indem es geschieht.« *Rainer Maria Rilke, Bremer Tagblatt und General-Anzeiger vom 16.4.1902*

S. Fischer

fi 1-348124 / 1

Thomas Mann

Bekenntnisse des Hochstaplers Felix Krull

Der Memoiren erster Teil
399 Seiten. Gebunden

»Weißt Du, wer Hermes ist?«. »Ich muß gestehn, im Augenblick –«. Die Eleganz der Sprache dieser fiktiven Autobiographie, ihre ironische Doppelbödigkeit erweisen ebenso wie Felix Krulls Handeln, daß er »der geschmeidige Gott der Diebe« ist. Ein Tausendsassa, der jeder neuen Situation, in die er gerät, in einem Maße gewachsen ist, als sei sie ihm durchaus nicht fremd: Er versteht es immer, das Beste für sich daraus zu machen. Also fälscht er die Unterschrift seines Vaters um der Entschuldigung eigentlich unbegründeten Fernbleibens von der Schule willen – simuliert er den soldatisch begeisterten Epileptiker, um desto sicherer befreit zu sein – nutzt er alle Wege, um seiner »Begabung zur Liebeslust« zu entsprechen (und dabei versteht er sich auf jegliches Alter und alle Gesellschaftsschichten) ...

Thomas Mann

Buddenbrooks
Verfall einer Familie
Roman
Band 9431

Königliche Hoheit
Roman
Band 9430

Der Zauberberg
Roman
Band 9433

Joseph und seine Brüder
Roman
I. Die Geschichten Jaakobs
Band 9435
II. Der junge Joseph
Band 9436
III. Joseph in Ägypten
Band 9437
IV. Joseph, der Ernährer
Band 9438

Lotte in Weimar
Roman
Band 9432

Doktor Faustus
Das Leben des deutschen Tonsetzers Adrian Leverkühn, erzählt von einem Freunde
Roman
Band 9428

Der Erwählte
Roman
Band 9426

Bekenntnisse des Hochstaplers Felix Krull
Der Memoiren erster Teil
Band 9429

Fischer Taschenbuch Verlag

fi 555 042 / 1

Thomas Mann
Sämtliche Erzählungen

Der Wille zum Glück
und andere Erzählungen
1893 – 1903
Band 9439

Schwere Stunde
und andere Erzählungen
1903 – 1912
Band 9440

Unordnung und frühes Leid
und andere Erzählungen
1919 – 1930
Band 9441

Die Betrogene
und andere Erzählungen
1940 – 1953
Band 9442

Fischer Taschenbuch Verlag

fi 666008 / 1

Thomas Mann

Über mich selbst

Autobiographische Schriften

Band 12389

Umfassen die Jahre von 1875 bis 1955, Thomas Manns Zeit, auch eine wahrhaft schicksalhafte Epoche der deutschen Geschichte, so hatte er doch eine »Abneigung gegen die Autobiographie« als ein geschlossenes, sein Leben nacherzählendes Buch. Er brauchte sie nicht, hat er sich selbst doch derart in all sein Schreiben eingebracht, daß man bei ihm mit gutem Recht von einer Identität von Werk und Person sprechen kann.

Darüber hinaus hat er, wenn der Tag und die Stunde es erforderten, bereitwillig Auskunft gegeben über sich selbst, selten als Skizze seines Lebenslaufs, eher in Form eines weitgefächerten Vortrags oder Essays, als Erlebnis- oder Reisebericht, in Vignetten und Episoden von Angehörigen und Freunden, in Beantwortung von Rundfragen über die Voraussetzungen für seine Arbeit, über sein Verhältnis zu Religion, Musik oder zur Psychoanalyse.

Thomas Mann verstand sich zeitlebens als kultureller Repräsentant seiner Zeit. Mit seinen Äußerungen über sich selbst gab er beredtes Zeugnis von der geistigen Lebensform seiner Generation.

Fischer Taschenbuch Verlag

fi 12389 / 1

Thomas Mann / Heinrich Mann
Briefwechsel 1900 - 1949
Herausgegeben von Hans Wysling
Band 12297

Der Dialog der beiden großen Brüder war oft Disput. Unterschiede des Temperaments und der Moralität führten zu einer »repräsentativen Gegensätzlichkeit«, die sich zunächst in der Kunstauffassung, dann vor allem in den politischen Anschauungen der beiden offenbarte. Im Ersten Weltkrieg kam es zum Bruch, als sich Heinrich in seinem ›Zola‹-Essay gegen den Bruder wandte und dieser sich in den ›Betrachtungen eines Unpolitischen‹ zur Wehr setzte. Bei einer schweren Erkrankung Heinrichs 1922 bahnte sich die Versöhnung an, die zu mehr als einem »modus vivendi« kaum führen konnte. Als Thomas 1946 schwer erkrankte, bekannte ihm Heinrich, er empfände es als müßig, weiterzuleben ohne ihn. Diese sehr menschlichen Dokumente sind zugleich literarische Zeugnisse: sie enthalten Kommentare und Selbstinterpretationen zu fast allen großen Werken.

Fischer Taschenbuch Verlag

fi 12297 / 1

Thomas Mann
Briefwechsel

Thomas Mann / Agnes E. Meyer
Briefwechsel 1937 - 1955
Herausgegeben von Hans Rudolf Vaget
1172 Seiten mit 24seitigem Bildteil. Leinen. S. Fischer

Briefwechsel mit seinem Verleger
Gottfried Bermann Fischer 1932-1955
Herausgegeben von Peter de Mendelssohn
Bände 1 + 2
Band 1566

Thomas Mann / Heinrich Mann
Briefwechsel 1900- 1949
Herausgegeben von Hans Wysling
Band 12297

Briefe
Herausgegeben von Erika Mann
Band 1: 1889-1936. Bd. 2136
Band 2: 1937-1947. Bd. 2137
Band 3: 1948-1955 und Nachlese. Bd. 2138

Fischer Taschenbuch Verlag

fi 666007 / 1